이 놀랍고도 새로운

초기 그리스도인들이 로마 세계에 던진
경이와 충격에 관하여

Originally published in English under the title:
Christianity's Surprise: A Sure and Certain Hope
Copyright 2020 by Abingdon Press
Published by Abingdon Press (UMPH), USA. All rights reserved.
Korean translation edition 2025 by Lux Mundi Co.,Ltd., Korea, Republic of.
All rights reserved.
This Korean edition published in arrangement with Abingdon Press
(UMPH) through rMaeng2, Seoul, Republic of Korea.

이 한국어판의 저작권은 알맹2를 통해 Abingdon Press와
정식 계약한 ㈜룩스문디에 있습니다. 신 저작권법에 의해
한국 내에서 보호를 받는 저작물이므로 무단 전재와 복제를 금합니다.

Christianity's Surprise

이 놀랍고도 새로운

초기 그리스도인들이 로마 세계에 던진
경이와 충격에 관하여

C. 케빈 로우 지음 · 양지우 옮김

| 차례 |

감사의 말 /9

1. 서론 /13

2. 만물을 아우르는 이야기 /29

십자가 처형과 부활의 놀라움
 - '만물을 아우르는 이야기'의 기원 /33

새 창조와 옛 창조, 그 둘이 함께 있는 시간에서 살아가기 /50

십자가와 부활, 만물을 아우르는 이야기를 형성하는 흐름 /58

결과, 효과, 함의 - 하나의 이야기와 그 외 이야기들 /63

결론 /74

3. 인간 /79

나자렛 예수는 인간이다 /81

인간은 '그리스도'이다 /90

인간의 죄와 변화 /102

죽음과 생명 - 우리의 미래는 무엇인가? /107

결론 /113

4. 제도들 / 123
 구조와 위계 / 128
 교육 / 134
 돌봄 / 147
 결론 / 171

5. 결론 / 177
 하느님과 하느님이 아닌 것 - 다시 익혀야 할 이야기 / 179
 자율적 개인 - 벗기고 잊어버려야 할 이야기 / 183
 놀라움 / 194

인물 색인 및 소개 / 205

일러두기

- 성서 표기는 원칙적으로 『공동번역개정판』(1999)을 따르되 인용은 원서 본문에 가까운 번역본(주로 새번역)을 썼습니다.
- 교부 시대의 인명과 지명은 한국교부학연구회, 『교부학 인명·지명 용례집』(분도출판사, 2008)을 따랐으며, 교부들의 저서명은 한국교부학 연구회, 『교부 문헌 용례집』(수원가톨릭대학교출판부, 2014)을 따랐습니다.
- 현대 단행본은 『 』을, 고대 문헌은 『 』을 사용했습니다.
- +표시가 되어 있는 인물의 경우 책 뒤에 있는 '인물 색인 및 소개'에서 다루었습니다.
- *표시는 독자의 이해를 돕기 위해 옮긴이가 단 주석입니다.

감사의 말

이 책이 세상에 나오기까지 여러 도움을 주신 분들께 깊은 감사를 전한다. 특히 잇사갈 기금the Issachar Fund은 아낌없는 재정 지원과 더불어 깊이 있는 지적 교류의 기회를 제공해 주었다. 덕분에 나는 연구를 위해 강의를 면제받았을 뿐 아니라, 이 책에서 다루는 주제를 중심으로 신학, 의학, 고전학, 문학, 역사 등 다양한 분야의 동료들과 만찬을 나누며 토론할 수 있었다. 잇사갈 기금의 대표인 커트 베렌즈Kurt Berends, 실무 담당자인 사라 혼스타인Sara Hohnstein은 진심 어린 격려와 성실한 협력, 그리고 각별한 친절로 이 프로젝트에 큰 힘이 되어주었다. 또한, 저녁 모임에 참여해 활발한 토론에 함께해 준 듀크 대학교 동료들과 외부 방문자들에게도 감사를 전한다. 이들과 나눈 대화는 더없이 소중한 시간이었으며, 이 시간을 통해 나는 학문에 바탕을 둔 동료애를 키우고 새로운 우정을 쌓을 수 있었다.

이 책은 원래 방대한 학술서로 펴낼 예정이었지만 여러 사정으로 인해 현재의 형태로 나오게 되었다. 전형적인 학술서의 형식을 띠고 있지는 않지만, 그 기초가 되는 연구가 행간 곳곳에 스며있기에 관심 있는 이라면 누구든 이를 읽어낼 수 있을 것이다. 하지만 나는 이 책의 중심을 이루는 전망과 주장이 학문 세계의 동료들 너머 더 넓은 독자들에게 전달되기를 바란다.

초기 그리스도교 문헌들이 증언하는 그리스도교가 참된 그리스도교라면, 그리고 오늘날의 그리스도교가 그 모습과 조금이라도 닮아 있다면, 그럼에도 불구하고 그리스도교인들이 그 힘을 잊거나, 그것을 시시하게 만들거나, 그 놀라움을 상실한다면, 그리스도교는 반드시 그에 상응하는 대가를 치를 것이다. 우리네 삶은 따분한 그리스도교를 감내하기에는 너무나 고단하다. 희망이 절실한 오늘, 그리스도교를 살아 숨 쉬게 했던 확신들과 실천들을 다시 기억하는 일이 우리 모두를 놀라게 하기를 진심으로 바란다.

제1장

서론

우리는 그리스도교가 무엇인지 이미 알고 있다고 생각한다. 어떤 면에서는 맞다. 그리스도교는 기원에서 오늘에 이르기까지 북대서양 서구 사회와 문화의 모든 층위에 깊이 스며들었다. 서구 역사라는 복합적이고 유기적인 구조에서 그리스도교를 걷어내면 전체가 와해될 것이다. 순수 예술이나 건축, 대중문화나 스포츠 스타, 지역 교회, 정치 논쟁, 지적 담론, 정책 결정의 영역에 이르기까지 그리스도교의 언어와 심상, 영향력, 유산은 넘쳐난다. 심지어 종교를 혐오하는 이들조차 종교를 공격하며 염두에 두는 것은 대개 그리스도교다(물론 그리스도교에 대해 잘못 알고 있는 경우가 대부분이지만 말이다).

하지만 그에 못지않게 중요한 측면에서 우리는 틀렸다. 사실 우리는 그리스도교가 무엇인지 잘 모른다. 지난 2~3세기 동안 강한 힘을 발휘한 사상의 흐름은 그리스도교가 인간과 세계를 이해했던 방식에서 우리를 멀어지게 했을 뿐 아니라 그리스도교의 오랜 역사에서 비롯된 (한때는 함께하는 삶의 기반이 되었던) 삶의 습관들에서도 우리를 멀어지게 했다. 이제 성서의 하느님은 더는 인간 삶의 지평이 아니다. 오늘날 세계는 인간을 원하는 바와 해야 하는 바를 모두 스스로 결정하는 자율적인 개인으로 여긴다. 사람들은 종교가 있는 사람이 공적 영역에서 자신의 신념을 드러내서는 안 된다고 생각한다. 이제 도덕 판단은 개인의 취향과 감정에 따라 이루어질 뿐이며 교회는 여느 '자발적 결사체'voluntary society와 다를 바 없다. 현실의 경제 상황은 일주일 중 특별한 날이었던 주일을 지워 버렸다. 이러한 흐름들은 서로 복잡하게 얽혀 있지만 이러한 변화가 오늘 우리 삶에 미친 결과는 너무나도 분명하다. 우리는 그리스도교가 본래 무엇인지를 망각했고, (여전히) 무엇이 될 수 있는지를 알지 못하게 되었다.

　이것이 바로 오늘날 서구 사회의 특징이다. 그리스도교는 우리에게 너무 가까이 있어 너무나 익숙한 동시에 너무 멀어져 있어 우리는 그것이 무엇인지 전혀 알지 못한다. 이는 '처음에 있다가 그다음에는 사라지는' 순차적인 변화가 아니다. 그리스도교는 여전히 여기에 있으나 동시에 우리는 그리스도교를 잃어버렸다. 우리는 그리스도교에 익숙하나 동시에 그리스도교를 잊었다. 이는 이중적이면서 역설적인 하나의 현실이다. 우리가 살아

가는 세계가 그러하다.[1]

이 흐름은 매우 강력하며 너무나도 광범위하게 퍼져 있다. 그 영향은 그리스도인의 삶에도 스며들어 신앙생활의 상당 부분 역시 이러한 시대의 흐름을 반영하고 있다. 그리스도교인들은 여전히 하느님을 이야기하지만, 그 논의는 '정의', '복음화', 그 밖의 여러 주제처럼 이미 세속화된 특정 틀 안에서 이뤄진다. 그 결과 '하느님'은 사람들이 이미 지지하는 대의명분에 초월적인 권위를 덧붙여 주는 부속물이 되고 만다.

우리는 여전히 그리스도교 언어에 익숙하고, 자신이 중시하는 사안을 다룰 때 이를 자유롭게 활용한다. 하지만 그와 동시에, 한때 세상을 놀라게 했던 생명력 넘치는 성서와 교회 전통의 흐름은 우리에게 낯설기만 하다. 우리는 그리스도교 언어를 유창하게 말하는 듯하지만, 정작 그 언어는 그것을 낳았던 신앙의 세계가 아니라 이 시대가 만들어 낸 틀에 사로잡혀 있다. 우리는 그 틀 안에서 그리스도교 언어를 말하고 있다.

---

[1] 오늘날 우리 사회는 분명히 '다원주의'이며 서구에서 '다원주의'라는 말은 그리스도교 외에 세상을 살아가는 다른 방식들이 제시되고 있다는 뜻이다. 그럼에도 불구하고 그리스도교는 여전히 (심지어 세속주의까지 포함한) 이러한 대안들의 배경으로 작용하고 있다. 서구에서 종교를 거부하는 것은 추상적 개념으로서의 '종교'를 거부하는 것이 아니라, 그리스도교가 끼친 영향의 역사나 그리스도교 자체를 거부하는 경우가 대부분이다. 예를 들어 서구 세속 지식인 중 힌두교를 진지하게 경험해 보았거나, 이를 비판 대상으로 삼은 이들은 거의 없다. 니체Friedrich Nietzsche는 서구에서 그리스도교의 영향력이 얼마나 강력한지를 잘 보여 주는 대표적인 예다. 그는 신을 거부하고자 할 때, 거부해야 할 신은 그리스도교의 하느님이라는 사실을 분명히 알고 있었다.

오늘날 많은 그리스도인은 성서가 증언하는 하느님이 어떤 분인지, 그분이 이 세상에서 어떤 일을 하시는지를 알고 있다고 전제함으로써 우리 시대에 새로운 놀라움과 갱신이 일어날 가능성을 차단하고 있다. 이미 알아야 할 것은 다 알고 있다는 가정 아래 성서에 바탕을 둔 상상력을 기르지 못한다. 그리스도교 신앙에 뿌리내린 기대와 새로움을 빚어내는 생명력 있는 전통의 흐름도 익히지 못한다. 재발견이 불러올 수 있는 회복의 가능성을 놓치고 마는 것이다.

애초에 그리스도교는 놀라움이었다. 누구도 이를 예상하지 못했다. 그리스도교가 이 세상에 등장한 뒤 빚어낸 많은 것에 사람들은 너무나 놀라워했다. 누구도 그리스도교를 당연하게 여기지 않았고, 그리스도교에 담긴 뜻과 힘을 잊지 않고 있었다. 그래서 때때로 사람들(특히 로마인들)은 이를 없애려 했지만 성공하지 못했다. 오히려 수세기에 걸쳐 그리스도교는 작은 유대교 분파에서 로마 세계를 지배하는 세력으로 성장했다. 종교사회학자들은 이러한 성장을 설명하기 위해 다양한 이론을 내놓았다. 어떤 이론은 그럴 듯하고, 어떤 이론은 설득력이 떨어진다. 그러나 그 모든 이론이 공통으로 전제하는 사실이 하나 있다. 누구도 그러한 전개를 예측하지 못했다는 것이다.

오늘날 사람들의 눈에 그리스도교가 예수에 초점을 맞춘다는 사실은 자명하고 지극히 자연스러운 일처럼 보인다. 결국, 그리스도교는 예수에게서 비롯되었기 때문이다. 하지만 바로 그 때문에 우리는 이것이 얼마나 급진적이고 전례 없는 일이었는지를 잊고 있다. 초기 그리스도교의 가장 놀라운 점은 바로 한 사람, 나자렛 예수라는 한 유대인에게 믿기 어려울 정도로 관심을 집중한다는 데 있다. 이는 실로 광범위하고 복잡한 결과를 낳았으며 역사에 커다란 파장을 일으켰다. 이 여파를 설명할 수 있는 방식은 많지만 왜 나자렛 예수라는 한 인물에게 이토록 집중하는 일이 과거에도, 그리고 지금도 그토록 놀라운 일인지를 이해하려면 일정한 틀이 필요하다. 여기서는 초기 그리스도교의 세 가지 측면(만물을 아우르는 이야기, 인간, 제도)에 초점을 맞춤으로써 그 놀라움을 조명하려 한다. 이 세 가지는 각각 떨어진 것이 아니라 서로 긴밀하게 얽혀 있으며, 어느 하나도 나머지를 떼어 놓고는 온전히 이해할 수 없다. 이 책의 목적은 저 세 요소가 함께 그려내는 하나의 큰 그림을 제시하는 데 있다.

　그리스도교가 세상에 안긴 놀라움은 한 사람, 곧 십자가에 못 박히고 부활한 메시아 예수 그 자체였다. 이 놀라움을 받아들이고 다시 세상에 전하기 위해 초기 그리스도인들은 만물을 아우르는 이야기를 전해야 한다는 사실을 깨달았다. 그리고 그들이 전한 이야기는 그들이 세상에서 살아가는 방식을 새롭게 규정했다. 초기 그리스도인들은 세상이 여전히 타락해 있으나 새롭게 창조되고 있으며, 그 한복판에서 자신들이 예수를 섬기며 살아간다는 사실을 알았다. 그러한 가운데 그들은 장차 예수가 다시 오기를 기다리고, 만물이 치유되는 영원한 회복을 희망했다. 그렇다면 이러한 세상, 이러한 시간을 살아간다는 것은 무엇을 뜻하는가? 이 질문에 대한 초기 그리스도인들의 사유, 세상을 놀라게 한 그들의 새로운 시선의 핵심에는 하나의 계시가 있었다. 바로 인간이 그리스도의 형상이라는 통찰이다. 이러한 인간 이해, 모든 인간을 포괄하는 이러한 관점은 순전히 그리스도교의 발명품이었다. 그들은 세상이 한 번도 본 적 없는 인간상을 세상 한가운데 내놓았다. 그전까지 지위가 높든 낮든 혹은 그 사이 어디에 있든 모든 인간이 본질상 똑같다고 생각한 사람은 없었다. 누구도 모든 이를 이 세상을 다스리는 주님처럼 대해야 한다고 생각하지 않았다. 그러한 세상에서 초기 그리스도인들은 매우 실질적인 의미에서 인간을, 한 사람 한 사람을 예수 그리스도의 '현현'incarnation으로 여겼다. 물론 이러한 관점이 무르익기까지는 오랜 시간이 걸렸으며 그리스도인들은 자신들이 발전시킨 이 관점을 배신했고, 지금도 배신하고 있다. 하지만 이러한 관점, 통찰이 이 세상에 나타났다는 사실 자체가 이미 놀라운 일이며, 그리스도인 삶 전반을 아우르는 지침이 되었고 그러한 생각을 전혀 받아들일 준비가 되어 있지 않았던 지중해 세계를 가로질러 널리 퍼져나갔다는 점은 실로 경이로운 일이다. 일부 유대교 전통은 이를 예고하기는 했으나 희미했고, 로마 세계는 이를 받아들일 준비가 전혀 되어 있지 않았다. 이 관점은 세상을 기습했다.

 초기 그리스도인들은 예수와 그의 형상에 관한 진리를 세상에 알리기 위해서는 단지 이 진리가 세상에 도래했음을 선포하는 것만으로 충분하지 않음을 알고 있었다. 그들은 새로운 앎의 방식, 삶의 방식을 만들어야 했다. 그래서 공동체를 이루고 제도를 세우며 공적 공간에 자신들의 자리를 마련했다. 이 공동체의 구조와 질서, 실천을 통해 초기 그리스도인들은 그리스도의 빛 아래 드러난 인간이 어떤 존재인지를 보여 주려 했다. 그 결과, 시간이 흐르며 가난한 이들과 병든 이들이 이 세상에 새롭게 드러나게 되었다. 물론 로마 세계에도 가난한 이들과 병든 이들이 있었다. 하지만 이들을 연약하고 돌봄이 필요한 집단으로 여긴 적은 없었다. 그렇기에 전염병이 돌 때, 자기 생명을 걸면서까지 병든 이를 돌보아야 한다는 생각도 없었다. 그러나 그리스도인들은 '만물을 아우르는 이야기'를 통해 죽음을 두려워하지 말아야 하며, 가난한 이들과 병든 이들의 얼굴에서 그리스도를 보아야 하고, 어떤 일이 있더라도 그들과 함께하고 돌보아야 한다는 깨달음을 얻었고 이를 몸에 새겼다. 그래서 (처음에는 동료 그리스도인끼리, 이후에는 공동체 밖 사람들과) 자원을 나누었고, 전염병이 돌 때 병든 사람을 간호하고 치료했으며, 병원과 가난한 사람들을 위한 숙소를 (처음으로) 만들었다. 이 모든 일을 통해 그리스도교는 세상에 전례 없는 충격을 안겼다.

그리스도인의 정치적 태도와 교육 활동도 세상을 놀라게 했다. 이는 초기 그리스도교가 빠르게 퍼지고 힘을 유지하는 데 상당히 중요한 역할을 했다. 1세기 말에서 2세기 초에 이르기까지 그리스도인들은 상급 신이든 하급 신이든 그 어떤 신도 (심지어 로마 황제도) 예배하지 않겠다고 공개적으로 선언해 세상을 놀라게 했다. 또한, 그들은 연회나 축제처럼 일상에서 흔히 이루어지는 고대 다신교 관습도 거부했다. 로마인들은 유대인들이 오랜 역사를 지닌 민족임을 알고 있었고, 그들의 독특한 관습을 어느 정도 용인했다. 하지만 그리스도인들은 유대인과 비슷한 면이 있으나 유대인은 아니었다. 로마인들의 눈에 그리스도인들은 기이했고, 완강했으며, 그래서 충격적이었다. 그들의 태도는 전혀 이치에 맞지 않았다. 그리스도인들의 이런 면모가 공적으로 지나치게 도드라지면 로마인들은 그들을 마땅히 처벌해야 한다고 여겼다. 하지만 처벌받은 그리스도인들은 또다시 놀라운 모습을 보였다. 그들은 고난을 견디고 순교를 감내했다. 주님이 그랬듯 예배하지 말아야 할 대상에 예배하기를 거부했고 영원한 생명을 확신하며 기꺼이 죽음을 받아들였다.

초기 그리스도인들의 교육 활동은 처음에는 눈에 잘 띄지 않았지만, 결코 작지 않은 파장을 일으켰다. 그들은 예수가 가르친 내용을 가르치고 예수와 교회의 초기 시절에 대한 기억을 가꾸는 데 그치지 않았다. 그들은 로마 세계 교양인들의 상상력을 형성하던 고전 본문들을 그리스도교 성서로 대체함으로써 상상력의 근거 자체를 새롭게 하고자 했다. 이교 세계에 배울 만한 것이 없다고 생각해서가 아니었다. 오히려 정반대였다. 초기 그리스도인들은 이 세상에서 그리스도인으로 살라는 부름을 따르려면, 세상의 모든 것을 성서가 전하는 진리와 연결해야 한다고 생각했다. 이러한 생각을 따라 카이사리아에 있는 오리게네스Origen of Alexandria[+]의 학교에서 그리스 철학을 공부하되, 이를 성서에서 길어낸 그리스도교 신앙과 실천에 바탕을 둔 삶의 방식 안에서 익혔다. 그들은 성서와 결속됨으로써 놀라움을 끊임없이 낳고 자라나게 하는 생명의 샘과 연결된다고 여겼고, 그 놀라움이 바로 자신들을 통해 이 세상에 드러난다고 믿었다.

초기 그리스도인들은 어떻게 하면 세상을 놀라게 할 수 있을지 고민하거나, 어떻게 하면 사람들의 이목을 끌고 주목을 받아 자신들의 주장을 관철해 낼 수 있을지 골몰하지 않았다. 그들은 그리스도인으로 살아가며 마주하는 훨씬 더 근본적인 질문들에 몰두했다. 어떻게 해야 그리스도인으로 살아갈 수 있는가? 그리스도교 이야기의 빛 아래 우리가 도전해야 할 이야기, 세상을 주도하는 이야기는 무엇인가? 인간에 대한 그리스도교의 통찰을 받아들였을 때, 지금 이 세상에서 우리가 마땅히 해야 함에도 하지 않고 있는 일은 무엇인가? 우리가 누구인지를 잊지 않고 살아가기 위해 무엇을 배우고, 또 가르쳐야 하는가?

초기 그리스도인들이 세상에 일으킨 충격은 그들이 전 존재로 살아낸 삶의 방식에서 자연스럽게 흘러나온 열매였다. 그들은 만물을 아우르는 이야기 속에서 자신의 자리를 찾았기에 그리스도라는 빛 아래 인간이 무엇인지 말할 수 있었고, 인간에 대한 그러한 통찰이 있었기에 새로운 공동체와 제도를 세워 그 의미를 가르치고 드러낼 수 있었다. 인간이 누구인지를 가르치고 드러내는 활동은 '만물을 아우르는 이야기'를 실제 삶의 시공간에서 풀어내는 방식이었고, 제도들은 그 이야기에 담긴 인간상을 가장 분명하게 형상화하는 무대였다.

십자가에 못 박히고 부활한 예수를 세상의 주님으로 선포하는 일, 황제와 신들에 대한 숭배를 단호하게 거부하는 일, 전염병에 걸린 환자들을 돌보고 고아원을 건립하는 일, 성서를 가르치고 해석하는 일, 주교와 부제라는 직분을 세우는 일, 이 모든 일은 서로 동떨어진 활동이 아니었다. 그리스도인으로서 살아가라는 부름에 응답한다는 점에서 하나로 엮인 창조적 활동이었다. 그리스도인으로서 세상에 존재한다는 것은 곧 저 모든 일을 동시에 살아내는 것이었다.

이렇게 초기 그리스도교는 세상에 충격을 안겼고 그 여파는 여러 방향으로 퍼져나갔다. 어떤 면에서 당시에는 그리스도인으로 살아간다는 것 자체가 세상을 놀라게 하는 일이었다. 나는 우리도 초기 그리스도인들과 마찬가지로 근본적인 질문들을 던져야 한다고 믿는다. 그리스도교가 본래 얼마나 놀라운 것인지를, 어떻게 세상을 놀라게 했는지를 조금이라도 이해하면 우리는 저 질문들을 더 잘 던질 수 있게 될 것이며, 오늘날 세상 가운데서 다시금 그리스도교의 놀라운 힘을 발견하게 될 것이다. 물론 이러한 질문들을 두고 모두에게 똑같이 적용할 수 있는 정답은 없다. 하지만 오늘날 서구 그리스도인들은 그리스도교가 본래 머금고 있는 힘이 다시 세상 가운데 드러나기를 바라고 있다. 우리가 누구이며 왜 존재하는지를 세상에 증언할 수 있도록 상상력과 실천이 새롭게 살아나기를 갈망하고 있는 것이다.

그리고 세상 역시 진리가 무엇인지 삶으로 드러내 보이는 참된 증언을 갈망하고 있다. 소셜 미디어의 폭발적 성장과 그에 따른 정보의 범람은 여러모로 도움이 되었지만, 동시에 세상을 끊임없는 혼란 속에 빠뜨려 놓았다. 끝없이 쏟아지는 선택지들, 사람들의 주의를 끄는 무수한 주장들, 세상이 실제로 어떠한지를 두고 24시간 내내 경쟁하는 수많은 소리 가운데 세상은 쉼 없이 윙윙거리는 혼돈의 덩어리가 되었다. 세상은 자신이 어디로 가고 있는지 알지 못한다. 그리스도교를 떠남으로써 잃어버리게 된 무언가를 그리워하고 혼란 가운데 어떤 질서를 만들어 보려 애쓰지만, 방향을 잡지 못한 채 허우적거리고 있다.

오늘날 그리스도인들은 숱한 악평과 부끄러운 추문에 시달리고 있다. 하지만 만물을 아우르는 이야기가 전하는 인간 이해에 비추었을 때 우리가 끊임없이 실패한다는 사실은 그리 놀랍지 않고, 어느 정도는 예상할 수 있어야 한다. 교회가, 그리스도인들이 저지른 문제의 규모가 너무도 크기 때문에 우리는 우리가 어떤 기반 위에 서 있으며 세상에 무엇을 내어놓을 수 있는지 잊어버리기 쉽다. 그럼에도 불구하고 우리가 궁극적으로 초기 그리스도인과 같은 인간이고 같은 전통에 서 있다면 우리는 우리가 지닌 것에 스스로 놀라고, 세상도 그것에 놀라게 될 것이라고 기대해야 한다.

물론 초기 몇백 년 동안 이루어졌던 그리스도인의 삶과 오늘날 이루어지고 있는 그리스도인의 삶 사이에는 엄청난 차이가 있다. 우리는 마치 2,000년이 아무 일 없이 지나간 것처럼, 그동안 축적된 복잡하고 다양한 문화와 교회의 차이를 무시한 채 초기 그리스도인들이 했던 일을 그대로 되살릴 수 없다. 하지만 우리는 초기 그리스도인들에게 배울 수 있다. 열매 맺는 증언과 활동을 일구기 위해 필요한 상상력을 어떻게 길러내고 새롭게 할 수 있을지를 물을 수 있다. 그리스도교가 던지는 놀라움, 그리스도교가 일으키는 충격은 단순히 "이제 가서 이렇게 하라"는 식의 5개년 계획으로는 정리될 수 없다. 그리스도교에 대한 친숙함과 무지, 왜곡과 반대, 신앙에 대한 냉담과 신앙에 대한 애정이 뒤섞인 이 "여기 있으나 사라지는" 복잡한 시대 가운데, 우리는 그리스도교 증언의 핵심이 무엇인지 깊이 성찰하며 인내로 분별해야 한다. 바로 이 요청에 응답할 때, 그리스도교는 본연의 놀라움과 충격을 다시 드러낼 수 있을 것이다.

위에서 언급한 복잡한 현실에서는 오늘날 그리스도인으로 살아간다는 것이 무엇인지 갈피조차 잡기 어렵다. 오늘날 우리가 처한 시대는 혼란스럽고, 사람들을 쉽게 그릇된 길로 이끌지만, 동시에 무언가 새로운 방향이 열릴 가능성을 머금고 있다. 그리스도교는 언제나 그리스도교가 뿌리내린 문화와 얽히기 마련이다. 문화와 무관한 그리스도교란 애초에 있을 수 없다. 지금 우리가 속한 문화는 일상의 습관과 온갖 매체를 통해 우리가 '진정한 그리스도교'를 끊임없이 보고 있다고 착각하게 만든다. 하지만 실제로 우리가 보는 건 대부분 그리스도교의 극단적 형태이거나 왜곡된 모습일 뿐이다. 한편에서 우리는 하느님께서 마침내 이 나라를 그리스도교 국가로 되돌리고 계신다고 말하는 대형교회 목사의 이야기를 듣는다. 다른 한편에서는 예수의 부활을 부정하는 유명 신학교 총장의 발언이 언론에 오르내린다. 바로 뒤이어 '휴거'가 임박했다는 소식이 들리고, 그다음에는 그리스도인이라면 지금 이 세상에서 완전한 정의를 이루는 데 헌신해야 한다는 주장이 들린다. 동시에, 우리는 한때 활기를 띠던 그리스도교 공동체들이 급속히 쇠퇴하고 있다는 사실도 잘 알고 있다. 주요 교파들은 눈에 띄게 시들고 있다. 로마 가톨릭 교회와 남침례교 역시 각종 추문으로 신뢰에 커다란 금이 갔다. 이 모든 현실은 한 가지를 분명히 보여준다. 지금 우리에게는 새로운 목소리와 새로운 전망, 새로운 관점이 필요하다. 다시 말해 그리스도교가 본래 지닌 놀라움이 우리에게, 그리고 사람들의 눈앞에 드러나야 한다.

오늘날 다시 그리스도교를 생기 있게 증언하기란 결코 쉽지 않다. 이를 위해 우리는 그리스도교 전통이 오랜 시간 길러온, 신앙에 바탕을 둔 삶의 방식들에 깊이 뿌리내리고 꾸준히 익히며 살아가야 한다. 동시에 우리는 분별력 있는 공동체를 세우고 새로운 길을 용기 있게 모색해야 한다. 그리고 분명 이 모든 일에는 시간이 걸린다. 초기 그리스도교 전통이 머금고 있는 놀라움과 힘을 회복하고 구현하는 과정은 시간을 들여야만 가능하다.

정치 상황에 따라 '하느님이 이 세상을 다시 통치하게 되셨다'거나 '이제 이 세상은 끝났다'는 식으로 요동치는 주장들을 지금 당장 중단시킬 수는 없다. 어느 편이 정권을 잡느냐에 따라 목소리가 달라지는 이 흐름은 쉽게 멈추지 않을 것이다. 이른바 정체성, 그리고 이 세상 안에서의 정치 변화에 집착하는 다양한 이념 집단들을 향해 그 너머에 더 중요한 진리가 있다고 하루아침에 설득할 수도 없다. 우리가 해야 할 일은 그리스도교가 처음 세상에 등장했을 때 어떻게 그렇게 폭발적인 생명력을 발휘할 수 있었는지 깊이 배우고 이를 오늘의 삶 속에서 되살리는 것이다. 이는 공식적인 교육과 비공식적인 활동을 통해 오랫동안 꾸준히 이루어져야 한다. 학교, 신학교, 신학대학원, 대학, 교회, 그리스도교 단체, 연합체, 지역 공동체, 청소년 동아리, 동호회, 다양한 매체, 원격 학습, 신앙에 기반을 둔 사회봉사와 혁신 활동, 재단, 자선 단체, 사회적 기업 등 존재하는 모든 영역을 통해 이루어져야 한다.

간단히 말해, 우리는 민첩하게 움직이며 복음을 가르치고, 살아내고, 협력하는 새로운 길을 과감하게 모색해야 한다. 낡고, 해지고, 찢긴 옷을 복원하듯 과거 특정 시기의 명목상 그리스도교 사회를 복원하겠다는 기대는 버려야 한다. 그 시대는 이미 오래전 지나갔다. 대신 우리는 초기 그리스도인들이 그러했듯 오늘날 사람들의 삶 전반에도 하느님께서 놀랍고도 실질적인 방식으로 활동하실 거라 기대할 수 있다. 그리고 우리는 우리의 상상력을 마음껏 사용해 하느님의 활동에 동참하도록 부름받고 있다.

혼란과 소란이 가득한 이 시대에 참된 그리스도교를 다시 세우고 증언하기 위해서는, 전통의 원천으로 깊이 되돌아가 그 안에서 창조적으로 응답해야 한다. 그러한 길이야말로 오늘날 우리에게 주어진 가장 지혜로운 최선의 길일 것이다. 그리스도교의 기원에는 '놀라움'이 새겨져 있다. 이 놀라움에 주목하는 일은 곧 그리스도교가 무엇인지, 그리스도인으로 살아간다는 것이 어떠한 증언과 생명력을 동반했는지를 기억하고 다시 익히는 일이기도 하다. 이를 기억하고 배울수록 우리는 다시금 놀라게 될 것이다. 그리고 오늘날 복음을 새롭게 증언할 수 있는 희망의 방향으로 생명의 길이 열릴 것이다.

제2장

만물을 아우르는 이야기

언젠가 소설가 바바라 하디Barbara Hardy는 이런 글을 쓴 적이 있다.

> 우리는 이야기 안에서 꿈꾸고 공상한다. 이야기로 기억하고, 기대하고, 희망하고, 절망하고, 믿고, 의심하고, 계획하고, 수정하고, 비판하고, 구성하고, 수군대고, 배우고, 미워하고, 사랑한다.[1]

---

[1] Barbara Hardy, 'Towards a Poetics of Fiction: An Approach through Narrative', *Novel* 2 (1968), 5. 다음 책에서 재인용했다. Alasdair MacIntyre, *After Virtue* (South Bend: University of Notre Dame Press, 2007), 211 – 12.

여기서 그녀가 말하고자 하는 바는 단순히 이야기가 중요하다는 게 아니다. 하디는 이를 자명한 전제로 여긴다. 그녀가 말하고자 하는 바는 좀 더 의미심장하다. 곧, 이야기는 우리가 인생 전체를 살아가는 방식이자 그 바탕이라는 것이다. 달리 말하면, 우리는 이야기로 살아간다.

만물을 아우르는 이야기란 존재하는 모든 것에 대한 이야기이며, 이 모든 세계를 설명하는 이야기이다. 초기 그리스도인들은 아브라함과 그의 후손을 택하신 하느님, 나자렛 예수를 죽은 자 가운데서 일으키신 그 하느님이 하느님 아닌 모든 것을 창조하신 분이라고 믿었다. 세상에는 하느님과 하느님이 아닌 존재들, 그 둘뿐이다. 그러므로 하느님에 대해 이야기한다는 것은 곧 이 세상 전체에 대해 이야기하는 것이다.

이 이야기의 범위는 아무리 강조해도 지나치지 않다. 이 이야기는 정말로 만물, '모든 것'에 관한 이야기이다. 이를테면 하느님과 하느님이 아닌 모든 것에 관한 이야기와 '빅뱅 이론' 사이의 차이를 생각해 보자. 빅뱅 이론은 만물을 아우르는 이야기가 아니다. 이 이론은 지금까지 나온 이론 중 가장 설득력 있는 이론, 현재 우리가 알고 있는 우주가 왜 이런 구조로 되어 있으며, 특정한 관측 방식 아래 어떻게 움직이는지를 설명하는 이론일 뿐이다. 오해와 달리 빅뱅 이론은 우주의 기원에 관한 이야기도 아니고 종말에 관한 이야기도 아니다. 기원의 이야기는 '왜 무엇이 없지 않고 있는가?'라는 질문에 답한다. 이 질문은 자연과학

이 대답할 수 없다. 자연과학은 이 최초의 질문 이후부터 시작해 '지금 있는 것들은 왜 이러한 모습을 지니고 있으며 어떠한 방식으로 작동하는가?'라는 질문을 다룬다. 종말의 이야기는 '우리는 궁극적으로 어디를 향해 가고 있는가? 이는 무엇을 위한 것인가?'라는 질문에 답한다. 이 질문에도 자연과학은 답할 수 없다. 자연과학이 할 수 있는 최선의 말은 우주가 현재 팽창하고 있으며 그 팽창은 앞으로도 지금과 같은 방식으로 계속될 가능성이 높다는 것뿐이다. 그러나 인류의 궁극적 목적이나 운명에 대해 자연과학은 본질상 침묵할 수밖에 없다. 우리가 알고 있는 가장 포괄적인 과학 이론조차 기원과 종말이라는 괄호 '안'에서만 작동할 뿐 그 '밖'에서는 작동하지 않는다. 물론 현실에서 많은 과학자는 기원과 종말에 대해 자기 의견을 제시한다. 하지만, 그때 그들은 과학자를 넘어 신화 제작자, 사제, 예언자, 어떤 신념을 대변하는 자로서 이야기하는 것이다. 적어도 그 순간 그들은 과학 이론의 대변자가 아니라 과학의 범위를 넘어서는 문제들에 대해 자신의 의견을 제시하는 개인일 뿐이다.

자연과학이 기원과 종말에 대해서는 본질상 침묵할 수밖에 없는 것과는 달리, '만물을 아우르는 이야기'는 그 질문들에 분명히 답한다. 그리고 그렇기에 현재의 목적과 미래에 대한 희망에 대해서도 답할 수 있다.

초기 그리스도인들은 예수의 십자가 처형, 그리고 죽은 이들 가운데서의 부활이 지닌 의미를 깊이 성찰하면서 '만물을 아우르는 이야기'를 발전시켜 나갔다. 십자가 처형에 대해서는 누구도 이의를 제기하지 않지만, 오늘날 어떤 신학자들은 부활의 중요성을 부정한다. 그들은 부활을 받아들이지 않아도 그리스도교를 유지할 수 있다고 생각한다. 하지만 이는 역사를 보아도 그렇고, 신학을 염두에 두더라도 납득할 수 없는, 잘못된 주장이다. 부활이 없었다면 그리스도교는 애초에 존재하지 않았다. 부활이 없다면 그리스도교도 없다.

초기 그리스도인들에게 부활은 핵심 진리였고, 모든 문제는 이 진리를 중심으로 돌아갔다. 그들에게 부활은 하느님께서 자신이 누구인지를 보여주신 가장 결정적인 사건이었다. 하느님은 예수를 죽은 이들 가운데서 일으키신 분이었다. 부활이 없다면 그 하느님도 없다고 초기 그리스도인들은 생각했다.

하느님께서는 예수의 부활을 통해 자신과 자신이 창조한 모든 것에 관한 이야기를 새롭게 들려주셨다. 그 이야기는 하느님께서 죽음을 이긴 생명, 에덴의 전복, 미래에 대한 희망, 현재를 살아가는 능력이라는 새로운 현실을 세상에 들여오심으로써 이루어졌다. 예수의 부활은 이 모든 새로운 이해, 새로운 존재 방식을 촉발하는 기점이었다.

'만물을 아우르는 이야기'의 핵심 구성 요소를 이해하려면, 그 기원을 살펴보아야 한다. 예수의 삶에서 비롯된 근본적인 흐름을 따라가다 보면, 초기 그리스도인들에게 충격과 놀라움으로 다가왔던 것이 무엇인지 드러날 것이다. 또한, 예수의 부활이 저 이야기 전체에 대한 그리스도인들의 이해에 어떤 영향을 미쳤는지도 추적할 수 있을 것이다.

십자가 처형과 부활의 놀라움 - '만물을 아우르는 이야기'의 기원

'만물을 아우르는 이야기'의 기원은 예수의 삶과 죽음, 그리고 부활에 있다. 이를 망각할 때, 이 이야기는 인간이 '하느님'을 빌려 자기 자신에 대해 말하려는 여러 시도 중 하나에 지나지 않는다. 그러나 예수에 초점을 맞출 때, 하느님은 '예수를 죽은 자 가운데 일으키신 분'으로 드러나며 '만물을 아우르는 이야기'는 그리스도교가 세상에 등장하게 된 놀라운 사건, 부활이라는 충격에 뿌리를 내리게 된다. 이 일이 어떻게 가능했는지를 이해하려면, 먼저 메시아에 대한 기대와 예수의 십자가 처형이 어떻게 연결되는지를 살펴보아야 한다.

신약성서 시대 전후 유대 사회에서는 메시아에 대한 이야기가 자주 등장했다. 당시 유대인들은 메시아를 고대했고, 메시아 관련 이야기들에는 다양한 희망과 꿈이 담겨 있었다. 이 이야기들에서 메시아에 대한 심상이 단일하지는 않았지만, 그럼에도 몇 가지 공통 요소가 있었다.[2] 그중 하나는 메시아가 정치적인 인물이라는 생각이다. 그리고 또 하나, 메시아에 대한 기대에는 한 가지 분명한 전제가 깔려 있었다. 즉 메시아는 실패하지 않는

---

[2] Matthew Novenson, *The Grammar of Messianism: An Ancient Jewish Political Idiom and Its Users* (New York: Oxford University Press, 2019).

다는 것이다. 신약성서와 그 직후 초기 그리스도교 문헌은 이러한 메시아관을 모두 반영하고 있다.

천사 가브리엘이 예수의 어머니가 될 마리아를 찾아와 전한 말에서도 메시아에 대한 기대를 엿볼 수 있다. 그는 이렇게 말한다.

> 그는 위대하게 되고, 더없이 높으신 분의 아들이라고 불릴 것이다. 주 하느님께서 그에게 그의 조상 다윗의 왕위를 주실 것이다. 그는 영원히 야곱의 집을 다스리고, 그의 나라는 무궁할 것이다. (루가 1:32~33)

가브리엘의 이 선포는 정치적인 선포로 보인다. 메시아는 외세의 지배를 받는 와중에 다윗 왕조를 다시 세우는 인물이며 자손들은 끊임없이 그의 왕권을 이어갈 것이다. 마리아가 가브리엘의 말을 듣고 하느님의 계획과 이스라엘의 희망 안에서 자신의 자리를 깨닫고 부른 '마리아의 노래'는 이러한 기대를 더 풍성하게 묘사한다.

> 내 영혼이 주님을 찬양하며 내 마음이 내 구주 하느님을 좋아함은, 그가 이 여종의 비천함을 보살펴 주셨기 때문입니다. 이제부터는 모든 세대가 나를 행복하다 할 것입니다. 힘센 분이 나에게 큰일을 하셨기 때문입니다. 그의 이름은 거룩하고, 그

의 자비하심은, 그를 두려워하는 사람들에게 대대로 있을 것입니다. 그는 그 팔로 권능을 행하시고 마음이 교만한 사람들을 흩으셨으니, 제왕들을 왕좌에서 끌어내리시고 비천한 사람을 높이셨습니다. 주린 사람들을 좋은 것으로 배부르게 하시고, 부한 사람들을 빈손으로 떠나보내셨습니다. 그는 자비를 기억하셔서, 자기의 종 이스라엘을 도우셨습니다. 우리 조상들에게 말씀하신 대로, 그 자비는 아브라함과 그 자손에게 영원토록 있을 것입니다. (루가 1:46~55)

오랫동안 그리스도인들은 가브리엘의 선포와 마리아의 노래를 영적인 의미로 이해해 왔다. 예수가 단순히 땅을 되찾고 이스라엘을 통일해 왕국을 세우기 위해 칼을 들고 로마의 압제자들과 싸우는 인물이 아니라는 복음서의 결말을 염두에 두고 이 선포와 노래를 읽었다. 그러나 루가복음서의 이야기 세계 안에서 보면 마리아의 노래는 분명 정치적 메시아에 대한 희망을 담고 있다. 이야기의 시간대 안에서 예수는 아직 태어나지도 않았다. 이를 감안하면, 우리는 마리아가 품은 희망을 좀 더 현실적인 차원에서 들을 수 있게 된다. 마리아의 노래에는 메시아가 정치적인 인물로 와서 외세의 지배자들을 무너뜨리고("왕좌에서 끌어내리시고"), 유대 민족을 높이며("비천한 사람을 높이셨습니다") 다윗 왕조를 재건하고, 새롭게 정비된 유대 땅에서 예배를 정결하게 하여 하느님을 영화롭게 할 것이라는 기대가 담겨 있다.

이러한 기대는 예수의 공생애 내내 따라다녔다. 세례자 요한은 메시아가 오실 길을 준비했다. 군중은 요한이 메시아인지 궁금해했다. 요한은 이를 부인하며 말한다.

> 나는 여러분에게 물로 세례를 주지만, 나보다 더 능력 있는 분이 오실 터인데, 나는 그의 신발 끈을 풀어드릴 자격도 없소. 그는 여러분에게 성령과 불로 세례를 주실 것이오. 그는 자기의 타작, 마당을 깨끗이 하려고, 손에 키를 들었으니, 알곡은 곳간에 모아들이고, 쭉정이는 꺼지지 않는 불에 태우실 것이오. (루가 3:16~17, 마태 3:11~12 참조)

이 이야기의 끝을 알고 있는 우리는 요한의 말을 결말에 맞추어 해석하곤 한다. 하지만 이야기의 원래 흐름을 고려한다면 예수가 십자가에 못 박히지도, 부활하지도 않은 시점에 나온 요한의 말에는 분명 메시아의 혁명과 다가오는 전투, 메시아가 적을 무찌르고 승리할 것이라는 기대가 담겨 있다.

심지어 예수의 제자들도 그렇게 이해했다. (널리 알려져 있듯) 베드로가 예수를 "메시아"라고 고백하자 예수는 즉시 그 고백에 담긴 체제 전복의 함의를 바로잡으려 한다.

> "시몬 바요나야, 너는 복이 있다. 너에게 이것을 알려 주신 분은, 사람이 아니라, 하늘에 계신 나의 아버지시다. 나도 너에게

말한다. 너는 베드로다. 나는 이 반석 위에다가 내 교회를 세우겠다. 죽음의 문들이 그것을 이기지 못할 것이다. 내가 너에게 하늘 나라의 열쇠를 주겠다. 네가 무엇이든지 땅에서 매면 하늘에서도 매일 것이요, 땅에서 풀면 하늘에서도 풀릴 것이다." 그 때에 예수께서 제자들에게 엄명하시기를, 자기가 메시아라는 것을 아무에게도 말하지 말라고 하셨다. 그때부터 예수께서는, 자기가 반드시 예루살렘에 올라가야 하며, 장로들과 대제사장들과 율법학자들에게 많은 고난을 받고 죽임을 당해야 하며, 사흘째 되는 날에 살아나야 한다는 것을, 제자들에게 밝히기 시작하셨다. 이에 베드로가 예수를 따로 붙들고 "주님, 안 됩니다. 절대로 이런 일이 주님께 일어나서는 안 됩니다" 하고 말하면서 예수께 대들었다. 그러나 예수께서는 돌아서서, 베드로에게 말씀하셨다. "사탄아, 내 뒤로 물러가라. 너는 나에게 걸림돌이다. 너는 하느님의 일을 생각하지 않고, 사람의 일만 생각하는구나!" 그 때에 예수께서는 제자들에게 말씀하셨다. "누구든지 나를 따라오려거든, 자기를 부인하고, 제 십자가를 지고, 나를 따라오너라. 누구든지 자기 목숨을 구하고자 하는 사람은 잃을 것이요, 나 때문에 자기 목숨을 잃는 사람은 찾을 것이다. 사람이 온 세상을 얻고도 제 목숨을 잃으면, 무슨 이득이 있겠느냐? 또 사람이 제 목숨을 되찾는 대가로 무엇을 내놓겠느냐? 인자가 자기 아버지의 영광에 싸여, 자기 천사들을 거느리고 올 터인데, 그 때에 그는 각 사람에게, 그 행실대로 갚아 줄 것이다. 내가 진정으로 너희에게 말한다. 여기에 서 있는 사람들 가운데는, 죽음을 맛보지 않고 살아서, 인자가 자기 왕권을 차지하고 오는 것을 볼 사람들도 있다." (마태 16:16~28, 마르 8:29~38, 루가 9:20~27)

예수는 다가올 고난과 패배를 언급하며 자신이 메시아라는 의미는 제자들이 기대하는 바와 다르다고 가르친다. 그러나 베드로는 예수가 메시아를 새롭게 정의하고 있음을 이해하지 못한 채, 자신이 품고 있던 메시아 심상에 집착한다. 그래서 메시아는 결코 고난받고 패배해서는 안 된다고 말한다("주님, 안 됩니다. 절대로 이런 일이 주님께 일어나서는 안 됩니다"). 그러자 예수는 단호하게 꾸짖는다("사탄아, 내 뒤로 물러가라").

가브리엘 이야기와 마리아의 노래가 그러하듯 현대 독자들은 "누구든지 자기 목숨을 구하고자 하는 사람은 잃을 것이요, 나 때문에 자기 목숨을 잃는 사람은 찾을 것이다"라는 구절과 마르코복음서에 나오는 "내가 진정으로 너희에게 말한다. 여기에 서 있는 사람들 가운데는, 죽기 전에 하느님의 나라가 권능을 떨치며 와 있는 것을 볼 사람들도 있다"(마르 9:1)는 예수의 말씀을 영적인 의미로 이해하는 경향이 있다. 하지만 복음서 이야기 세계에 있던 사람들에게 저 말씀들은 세속적이고 정치적인 선언으로 들렸을 것이다. 그들에게 저 말씀들은 메시아 운동이 초래할 격변과 전투, 그로 인해 치러야 할 대가를 가리키는 신호와 같았다.

바로 이 때문에 겟세마네 동산에서 제자들은 칼을 들고 있었다. 갈릴래아 어부나 평범한 노동자들이 본래 칼을 차고 다니거나 쓸 줄 알았던 것이 아니다. 그들은 다가올 전투를 대비하고 있었다. 예수가 예루살렘에 입성할 때 군중의 외침과 환호는 그들이 예수에게 어떤 기대를 했는지 고스란히 보여준다.

> 복되시다, 주님의 이름으로 오시는 임금님! (루가 19:38)

유월절 시기에 이루어진 예루살렘 입성은 새로운 왕이 만인이 보는 앞에서 혁명을 시작하러 왔다는 걸 알리는 사건이었다. 시기도 완벽했다. 당시 예루살렘에는 유월절을 지키기 위해 수천, 수만의 순례자들이 모여 있었다. 게다가 유월절은 이집트에서의 해방을 기념하는 가장 중요한 축제였다. 흩어져 있던 유대 백성이 한자리에 모였다. 그들은 이집트 해방을 새롭게 기억하며 이를 재현할 준비가 되어 있었다. 이러한 가운데 메시아가 그들을 이끌기 위해 나타난 것이다.

그리고 바로 여기서, 어떤 면에서는 복음이 세상에 던진 첫 번째 놀라움이라 할 만한 일이 뜻밖에 벌어진다. 사람들이 메시아를 받아들이고 그를 중심으로 이스라엘의 해방을 위한 일을 시작할 것이었다. 압제자들의 손아귀에서 건져낼 구원자로, 이스라엘의 희망으로 그를 높이고 따를 것이었다. 바로 그때 이야기는 전혀 예상치 못한 방향으로 바뀐다. 메시아는 체포되고, 끌려간다.

예루살렘의 유대 지도자들은 예수를 자신들의 구원자로 보지 않았다. 그들에게 예수는 메시아를 사칭하는 자였고, 따라서 백성의 안녕을 위협하는 위험한 존재였다. 예수 관련 영화에서 흔히 그리는 것과 달리, 유월절은 로마 총독이 임시 주둔지인 카이사리아에서 떠나 병력을 끌고 예루살렘에 들어오는 몇 안 되는 시기였다.[3] 절기 동안에는 예루살렘에 인파가 몰려들었고 그로 인해 혼란이 일어날 수 있었다. 혼란이 선을 넘으면 로마는 빠르고 단호하게 진압에 나섰다.

유대 지도자들은 메시아 운동이 군중을 자극하고 결국 로마의 탄압을 불러올 수 있다는 사실을 잘 알고 있었다. 예수가 겟세마네 동산에서 붙잡힐 때 자신을 포박하러 온 이들에게 던진 질문은 지도자들이 무엇을 염려했는지 잘 보여준다.

> 너희는 강도에게 하듯이 칼과 몽둥이를 들고 나를 잡으러 나왔느냐? (마르 14:48)

여기서 (많은 성서 번역본에서 택한) "강도"는 너무 온건해서 예수의

---

[3] 유대 지역의 로마 총독은 보통 해안 도시 카이사리아 마리티마에 거주하였다. 예루살렘에는 성전 인근 안토니아 요새에 소수의 병력이 상시 주둔하고 있었다. 그러나 순례 절기에는 로마 고위층과 더 많은 병력이 예루살렘에 집결하여 모든 행사가 무사히 치러지도록 감시하였다.

말씀이 지닌 의미를 충분히 담아내지 못하며 "폭도" 혹은 "혁명가"라고 옮기는 것이 낫다. 이 체포는 단순한 진압이 아니었다. 지도자들은 예수를 반드시 저지해야 한다고 판단했고, 사태가 더 커지기 전에 분명한 조처를 했다.

이때 (적어도) 베드로는 혁명의 순간이 도래했다고 생각했다. 그래서 그는 대제사장의 종인 말코스(말고)의 목을 벨 작정으로 칼을 휘둘렀다.[4] 메시아를 체포한다는 것은 있을 수 없는 일이었고, 그런 시도는 선전포고로 보였다. 그러나 이 지점에서 메시아에 대한 기존의 기대는 더 철저히 무너진다. 예수는 자신을 고발한 이들을 제압하지 않았다. 게다가 유대 지도자들은 예수가 누구인지 알아보지도 못했다. 오히려 그들은 예수를 체포한 뒤, 은밀히 여론을 조작해 군중의 인식을 바꾸고 예수에게서 등 돌리게 했다. '이 사람이 정말 메시아라면 체포될 수 있겠는가? 우리야말로 이들의 지도자다. 우리가 성서를 모른단 말인가? 우리가 메시아를 알아보지 못할 리가 없다. 게다가 이 사람 하나 때문에 빌라도가 우리를 학살하게 둘 수는 없다.'

그들은 예수를 질투하거나 증오해서 군중을 선동해 여론을

---

[4] 많은 독자가 이 장면에서의 폭력을 대수롭지 않게 넘기고, 베드로가 귀를 자르려 했다고 쉽게 생각한다. 그러나 칼을 휘두르는 동작을 잠시만 생각해 보면 상황이 더 분명해진다. 칼을 아래로 수직으로 휘둘러 귀를 친다면, 칼날은 쇄골과 어깨 부위까지 깊이 파고들어 몸을 관통할 수도 있다. 베드로는 수평으로, 즉 머리를 벨 듯이 휘둘렀고, 말코스(말고)는 간신히 고개를 옆으로 돌려 참수를 피한다. 결국 베드로는 말코스의 머리 전체가 아니라 그의 귀만 자르게 된다.

조성하지 않았다. 오랜 세월 로마 당국과 공존하며, 살아남기 위해 내린 일종의 정치적 생존 전략이었다. 로마 총독에게 군중을 진정시킬 수 있다는 신호를 보내면, 지도자들의 권위가 살아 있고 폭동의 가능성을 사전에 제거할 수 있다는 신호를 보내면 총독은 그에 걸맞게 움직일 것이라고 그들은 생각했다.

예수가 유대 최고 의결 기구인 산헤드린의 재판을 받고 나서 빌라도 앞에 끌려갔을 무렵에는 유대 지도자들이 어떤 계획을 세웠는지가 분명해진다. 그들은 예수가 자신이 메시아임을 실토하게 하려 했다. 이를 위해 계속 질문을 던졌고, 보조 수단으로 거짓 증인들까지 동원했다. 유대 지도자들은 예수가 성전을 헐고 사흘 만에 다시 세우겠다고 했던 말을 이용해 그가 폭력 혁명을 도모하고 있다는 인상을 심으려 했다(마태 26:61, 마르 14:58 참조). 그렇게 그들은 메시아 선언을 끌어낸 뒤, 그 진술을 빌라도에게 보고하고 예수가 사실은 메시아가 아니라 메시아를 사칭한 자라고 주장함으로써 총독을 안심시키려 했다. 군중도 자신들의 판단을 따르니 폭동의 위험도 없고 예수를 처형해도 문제가 없다는 메시지를 전달하려는 것이었다.

빌라도의 입장에서도 손해 볼 일이 없었다. 군중의 불만을 잠재우고 유대 지도자들과 불필요한 갈등을 피하면서 질서를 유지할 수 있었기 때문이다. 예수의 처형은 예루살렘의 질서를 유지해주는, 모두에게 득이 되는 계획이었다.

이 장면 전체에 깔려 있으나 표현되지 않은 전제는 '메시아'

란 곧 이스라엘을 해방할 정치적 인물, 다시 말해 혁명가라는 것이다. 당시 사람들이 메시아에 품었던 기대를 고려하지 않으면 수난 서사는 그 시대 상황과 맞지 않는다. 그들이 예수를 반대했던 이유는 그가 지나치게 사랑이 넘치거나, 너무 친절하거나, 과하게 포용적이거나, 신학적으로 위험했기 때문이 아니다. 로마 총독들은 그런 문제에 개입하지 않았으며, (그들 시선에) '이상한' 종교 분쟁은 지역 공동체가 스스로 해결하도록 내버려두는 것을 선호했다. 사도행전 18장에 나오는 갈리오의 반응은 그 대표적인 예다.

> 갈리오가 아카이아 주 총독으로 있을 때에, 유대 사람이 한패가 되어 바울에게 달려들어, 그를 재판정으로 끌고 가서, "이 사람은 법을 어기면서, 하느님을 공경하라고 사람들을 선동하고 있습니다" 하고 말하였다. 바울이 막 입을 열려고 할 때에, 갈리오가 유대 사람에게 말하였다. "유대 사람 여러분, 사건이 무슨 범죄나 악행에 관련된 일이면, 내가 여러분의 송사를 들어주는 것이 마땅할 것이오. 그러나 문제가 언어와 명칭과 여러분의 율법에 관련된 것이면, 여러분이 스스로 알아서 처리하시오. 나는 이런 일에 재판관이 되고 싶지 않소." 그래서 총독은 그들을 재판정에서 몰아냈다. (사도 18:12~15)

유대 지도자들이 진정으로 우려한 것은 유혈 사태, 즉 예수의 메시아 운동이 반란으로 간주되어 로마의 무력 보복을 불러오고, 그 결과 유대인들이 희생될 수 있다는 점이었다. 로마도 마찬가지였다. 어떤 형태로든 소요를 피하는 일은 총독 개인의 입지나 본국에서 자신의 명성 관리에 도움이 되었다.

당시 유대 지도자들은 '메시아'라는 정체성이 지닌 정치적 파급력을 명확하게 알고 있었으며, 예수가 메시아가 아니라는 확신에 근거해 행동에 나섰다. 그들의 바람대로 예루살렘에서 대규모 폭력 사태는 막을 수 있었다. 하지만 중대한 예외 상황이 일어났다.

본디오 빌라도 앞에서 열린 예수의 '재판'은 끔찍하게 잘못된 방향으로 흘러간다. 빌라도는 예수가 반란이나 내란 선동('스타시스'*στάσις*)이라는 반역죄를 저지르지 않았다고 판단하지만, 그럼에도 불구하고 결국 그에게 사형을 선고한다. 당시 내란 선동은 사형에 해당하는 중범죄였으며, 로마 시민이 아닌 사람은 십자가형(혹은 맹수에게 던져지는 형벌)을 받았다(로마 시민의 경우 참수형을 받았다). 예수는 십자가형을 선고받은 다른 혁명가들과 함께 십자가에 못 박혔다.[5]

당시 사람들에게 십자가 처형은 하나의 구경거리였다. 당시 권력자들은 이를 통해 메시아 혁명에 나섰다가 실패한 이들이 어떤 운명을 맞게 되는지 만인 앞에 보여주려 했다. 예수는 (빌라

---

[5] 바라바와 다른 이들은 '반란', 그리고 그에 수반되는 폭력("살인")죄로 유죄 판결을 받았으며, 따라서 처형될 예정이었다.

도가 이해한 '메시아'의 뜻을 반영한) '유대인의 왕'이라는 명패로 조롱받았다. 그 외에도 유대 지도자들과 구경꾼들은 그에게 온갖 조롱을 퍼부었다.[6]

> 그가, 남은 구원하였으나, 자기는 구원하지 못하는구나! 이스라엘의 왕 메시아는 지금 십자가에서 내려와 봐라. 그래서 우리로 하여금 보고 믿게 하여라! (마르 15:31~32)

이전 사건들과 마찬가지로 이 십자가 처형도 한 가지 전제, 즉 메시아는 승리하는 자이며, 따라서 결코 죽어서는 안 된다는 전제를 바탕으로 해야만 의미를 갖는다.

예수의 가장 가까운 제자들이 그를 버리고 뿔뿔이 흩어진 이유는 그들이 비겁하거나 겁이 많아서가 아니다. 그들의 세계가 무너졌으며, 자신들이 믿고 기대했던 거의 모든 것이 더는 아무런 의미도 갖지 않게 되었기 때문이다. 메시아가 체포되었고, 재판을 받았으며, 처형당했다. 메시아에 대한 제자들의 희망은 산산이 부서지고 말았다. 엠마오로 가는 길에 제자들은 슬픔에 잠긴 채 말한다.

> 우리는 그분이야말로 이스라엘을 구원하실 분이라는 것을 알

---

[6] 여기서 아이러니는 극에 달한다. 그는 물론 왕이며, 바로 그 십자가 처형을 통해 구원을 이룬다.

고서, 그분에게 소망을 걸고 있었던 것입니다. (루가 24:21)

이 말이 함축하는 바는 분명하다. 예수는 메시아가 아니었다. 이야기가 어떤 식으로 전개되든 이런 결말이 나면 안 됐다. 메시아가 배척당하고, 패배하고, 죽임당하는 것은 상상할 수 없는 일이었다.

어떤 복음서 독자는 예수가 바로 이러한 일을 위해 제자들을 미리 준비시키지 않았었냐고 반문할 수 있다. 실제로 그는 적어도 세 차례에 걸쳐 메시아가 "예루살렘에 올라가야 하며, 장로들과 대제사장들과 율법학자들에게 많은 고난을 받고 죽임을 당해야 하며, 사흘째 되는 날에 살아나야 한다"(마태 16:21)고 말했다. 그렇다면 왜 제자들은 "사흘째 되는 날"을 준비하지 못했던 것일까? 왜 그들은 나팔 불며 무덤으로 나아가, 메시아와 그의 해방 활동에 대한 새롭고 뜨거운 확신을 드러내지 않았을까?

예수가 메시아는 고난받을 것이라고 제자들에게 미리 말했다 해도 이야기가 전개되는 흐름은 우리에게 분명히 말해준다. 체포부터 십자가 처형에 이르는 모든 과정을 통해 제자들이 기존에 갖고 있던 모든 이해가 산산이 무너졌다고 말이다. 예수가 처형당했을 무렵 그들이 확실히 아는 것은 단 하나, '예수가 누구인가?'라는 물음에 대해 세상이 그들의 믿음을 정면으로 부정하는 방식으로 답을 내렸다는 사실이었다. 생각해 보자. 역사상 단 한 번도 일어난 적 없는 일을, 어떤 전례도 없던 일을 제자들이 어떻게 기대하거나 예측할 수 있었겠는가?

배척과 십자가 처형이라는 충격이 있고 난 뒤, 다시 한번 충격적이고 놀라운 일이 일어난다. 그리스도교를 그리스도교이게 만드는 결정적인 사건, 바로 예수의 부활이다. 제자들은 예수의 부활을 기대하거나 희망하지 않았다. 그리고 그럴 만한 충분한 이유가 있었다.

신약성서에 따르면 예수의 부활은 자연스럽게 끊기지 않는 흐름, 이 단계에서 다음 단계로 이어지는 사건, 단순한 삶의 연장이 아니었다. 이러한 면에서 부활은 플라톤주의의 영혼 불멸과 대조를 이룬다. 플라톤주의에서 영혼은 불멸이기 때문에 죽음이라는 사건이 있어도 이를 통과한다. 오히려 죽음은 영혼이 육체라는 감옥에서 해방되는 사건이다. 하지만 부활은 그러한 관점과 달리 진짜 죽음에서 일어난 새로운 생명, 새로운 삶이었다. 이 부활은 창조주와 피조물을 가르는 선 저편, 곧 하느님 편에서 온 일이었다. 부활은 예수에 대한 세상의 거부를 하느님께서 거부하신 일이었으며, 처형과 죽음의 권세를 꺾으심으로써 고난받은 메시아에게 생명의 승리를 안겨주신 일이었다. 예수의 부활을 통해 하느님께서는 그가 자신의 참된 메시아임을 확증하셨다.

하느님께서는 여러분이 십자가에 못 박은 이 예수를 주님과 그

리스도가 되게 하셨습니다. (사도 2:36)⁷

이 순간부터 하느님께서는 자신을 죽은 자 가운데서 예수를 일으키신 분으로 규정하셨다. '메시아'라는 말의 의미가 기존의 의미에서 철저하게 벗어났기에 부활한 예수는 제자들에게 성서에서 고난받는 메시아를 어떻게 보아야 하는지 직접 가르쳐야 했다. 그 의미가 명확했다면, 제자들은 성서 어디를 보아야 할지, 무엇을 기대해야 할지 알고 있었을 것이다. 그러나 그렇지 않았고, 예수는 제자들에게 한 번이 아니라 두 번 가르침을 주었다. 엠마오로 가는 길에서 그는 낙심한 제자들에게 물었다.

> 그리스도가 마땅히 이런 고난(체포, 고문, 십자가 처형)을 겪고서,
> 자기 영광에 들어가야 하지 않겠습니까? (루가 24:26)

그리고 이어서 그는 "모세와 모든 예언자에서부터 시작하여 성경 전체에서 자기에 관하여 써 놓은 일을 그들에게 설명하여"(루가 24:27) 주었다.

예수는 예루살렘에 모인 열한 제자와 다른 이들에게도 나

---

⁷ 사도행전 2장 36절은 신약학자들조차 자주 오해한다. 이 구절은 문맥상 "하느님께서 예수를 아직 아니었던 무엇인가로 만드셨다"는 뜻이 아니라, "하느님께서 예수를 본래 그러했던 분으로 확증하셨다"는 뜻이다. 자세한 논의는 내 논문을 참조하라. C. Kavin Rowe, 'Acts 2.36 and the Continuity of Lukan Christology', *New Testament Studies* 53, no. 1 (2007.1), 37~56.

타났다.

> 그 때에 예수께서는 성경을 깨닫게 하시려고, 그들의 마음을 열어 주시고, 그들에게 말씀하셨다. "이렇게 기록되어 있다. 곧 '그리스도는 고난을 겪으시고, 사흘째 되는 날에 죽은 사람들 가운데서 살아나실 것이며, 그의 이름으로 죄사함을 받게 하는 회개가 모든 민족에게 전파될 것이다'" (루가 24:46~47)

예수에게 성서 해석 수업을 두 번이나 들어야 했다는 이야기는 제자들이 무엇을 알아야 하는지 전혀 알지 못했음을 뜻한다.

고난받고 부활한 메시아에 대한 성서의 증언을 어떻게 이해해야 하는지를 예수에게 배운 뒤, 초기 그리스도인들은 뒤늦게 자신들이 겪은 모든 일 가운데서 하느님의 계획을 분별할 수 있게 되었다. 예수는 말했다.

> 모세의 율법과 예언서와 시편에 나를 두고 기록한 모든 일이 반드시 이루어져야 한다. (루가 24:44)

이는 그 모든 일이 하느님의 계획 안에서 반드시 일어나야 할 일이었음을 뜻한다. 하느님께서는 복음을 오래전부터 "예언자들을 통하여 성경에 미리 약속"(로마 1:2)하셨다. 이후 초기 그리스도인들은 다른 유대인들 앞에서 성서를 가지고 "그리스도께서 반드시 고난을 당하시고 죽은 사람들 가운데서 살아나셔야 한다는 것을 해석하고 증명"(사도 17:3)할 수 있게 되었다. 하지만 성서를 이렇게 되돌아보며 새롭게 읽어 낸 통찰과 놀라운 발견들이 있었다 해도, 한 가지 사실만큼은 달라지지 않았다. 예수의 죽음과 부활이 제자들의 모든 기대를 완전히 무너뜨린 충격적인 사건이었다는 것이다.

예수의 부활이라는 사건은 진실로 충격적이고 놀라운 일이었고, 그 사건이 세상에 어떤 의미가 있는지를 깨닫는 과정은 곧 그 놀라움의 본질을 하나하나 풀어내는 일이었다. 하느님께서 죽음을 이기시고 생명을 승리하게 하셨다는 사실을 예수의 공생애와 연결해 다시 생각하자 제자들은 그들 한가운데에서 이미 새로운 세계가 동트고 있음을 깨닫게 되었다. 예수의 부활은 하느님께서 인류를 위해 마련하신 미래를 보여준 사건이었다. 그 미래는 이제 '지금, 여기'에서 현실이 되어 새로운 세상을 일으키고 있었다. '새 창조'는 예수의 부활로 일어난 일을 가리키는 또 다른 이름이 되었다.

새 창조와 옛 창조, 그 둘이 함께 있는 시간에서 살아가기

예수의 부활이 의미하는 '새 창조'는 제자들이 현실을 이해하는 방식을 완전히 재구성했다. 예수는 이스라엘의 선택과 역사, 율법의 목표이자 완성이다(바울은 이를 로마인들에게 보낸 편지 10장 4절에서 "율법의 끝마침"이라고 표현했다). 이제 그는 만물을 바라보고 이해하는 '렌즈'였다. 예수는 죽음 저편, 곧 하느님의 편에 살아 있으며, 부활을 통해 드러난 생명을 지금, 여기에 가져오고 있다. 이러한 맥락에서 "죽은 사람들 가운데서 예수 그리스도가 부활하심으로 말미암아" 우리는 "산 소망을 갖게"(1베드 1:3) 되었다.

오랫동안 많은 사상가가 언급했듯 그리스도인들이 예수의 부활을 체험하면서 시간에 대한 새로운 감각이 생겨났다. 그리고 이 새로운 시간 감각은 이 세상에서 존재하고 살아가는 방식에 대한 새로운 인식을 낳았다.

유대인들은 자신들이 하느님께 선택받은 민족이라는 믿음 안에서, 역사를 하느님의 뜻이 실현되는 장으로 바라보았고, 그 마지막에는 하느님의 정의와 구원이 온전히 드러날 '오는 세상'을 고대했다. 하지만 대체로 당시 세계의 다른 문화들은 우주를 순환하는 것으로 보거나, 어떤 변화도 없이 꾸준히 계속되는 것으로 여겼다. 이에 반해 초기 그리스도인들은 시간 전체가 하나의 이야기를 따라 전개된다고, 그리고 그 이야기가 예수의 성육신과 죽음, 부활을 통해 드러났다고 보았다. 그들이 보기에 모든 시간은 이 특별한 사건들과 연결되어 있었다. 모든 시간은 하느님의 창조에서 시작해 예수의 사건을 중심으로 굽이쳐 흐르고, 마침내 하느님 안에서의 화해와 완성으로 향해 간다고 초기 그리스도인들은 생각했다.

이야기의 중심 지점들은 창조, 타락, 이스라엘의 선택, 예수 그리스도와 교회의 등장, 그리고 완성이었다. 모든 시간이 이러한 방식으로 도식화됨으로써 인간의 삶은 만물의 드라마 안에 자리 잡을 수 있게 되었다. 달리 말해 만물을 아우르는 이야기는 단지 전체를 설명하는 데 그치지 않고 이러한 질문을 가능케 했다.

지금 우리는 어떤 시간을 살고 있는가?
우리의 자리는 어디인가?

초기 그리스도인들이 '지금 우리가 살아가는 시간'에 관한 이 질문들에 답할 때 그들은 이야기의 주요 지점을 딱딱 끊을 수 있는 단계나 고정된 시기로 여기지 않았다. 이를테면 그들은 그리스도의 시대에 들어섰다는 이유로 타락의 시기가 완전히 지나갔다고 생각하지 않았다. 그들에게 이 이야기는 독특하게 복잡했으며 그만큼 유연한 해석을 가능케 했다. 한편으로 시간은 창조에서 완성을 향해 나아가며 이는 과거와 현재, 미래를 구분하는 우리의 상식, 시간 감각과도 일치한다. 그러나 다른 한편으로, 우리는 '시대들이 겹쳐 있는 시간'을 살아가기도 한다(1고린 10:11 참조). 초기 그리스도인들은 예수의 부활과 함께 미래가 현재에 도달했다고 믿었다. 지금 존재하는 만물은 창조되었으며, 동시에 모두 타락에 물들어 있고, 그 타락의 상처는 지금 이 자리에 현존하는 '새 창조'의 힘으로 치유되고 있다. 그러한 면에서 우리는 완성될 미래를 지금 이 자리에서 미리 맛보고 있다고 그들은 생각했다. 하느님께서 이루실 완성은 미래에서 다가와 지금 고통받는 현재를 감싸고 있다. 이처럼 만물을 아우르는 이야기는 단지 미래를 향해 나아가지 않으며 '마지막 시점'에서 과거 전체를 다시 들려준다. 그리고 지금 이 시간에도 우리가 하느님께서 이루실 선한 미래를 맛볼 수 있다고 선언한다.

그렇다면 질문은 이렇게 이어진다. 지금 우리가 살아가는 이 시간이 옛 창조 한가운데서 시작된 새 창조의 시간임을 예수의 부활이 드러낸다면 이제 우리는 무엇을 해야 할까? 어떻게 살아야 할까? 지금 타락한 세상 속에 살고 있으나 동시에 그 세상이 변모하고 있다고 만물을 아우르는 이야기가 말해준다면 이 세상 속에서 어떠한 삶을 살아야 하는가?

이 물음에 대한 초기 그리스도인들의 응답은 한마디로 표현하기 어려울 정도로 다차원적이었다. 그 이야기가 만물을 아우르는 이야기였기 때문이다. 다시 말해 예수의 부활이 세상의 모든 영역을 바꾸었기에 그들은 삶의 다양한 영역에서 새롭고 창조적인 방식으로 살아야 했다. 이처럼 다양하고 창조적인 응답들을 하나로 모아보면, 그것은 '증언'과 '변화'라는 두 축을 따라 전개되는 이야기라 할 수 있다. 둘 중 하나만 있으면 이 이야기는 결코 성립할 수 없다.

그리스도교를 너무 오래 접하거나 익숙해지다 보면 그 핵심이 무엇인지, 혹은 가장 중요한 사실이 무엇인지 간과하거나 잊게 된다. 바로 그리스도교란 근본적으로 예수 그리스도에 관한 신앙이라는 사실이다. 초기 그리스도인들은 이 사실을 결코 놓치지 않았다. 예수 그리스도라는 이름조차 들어본 적 없는 세상에서 그들은 자신들의 삶과 행동의 근거가 그에게 있음을 끊임없이 알리고 강조해야 했다. 초기 그리스도인들은 예수 그리스도를 거듭 선포했으며, 자신들의 모든 행동을 그에 대한 증언, 그리고 그들 안에서 살아 숨 쉬는 부활의 능력과 연결했다. 다시 말해 '새 창조의 시대에 우리는 무엇을 해야 하는가?'라는 질문에 대해 초기 그리스도인들은 이렇게 답했다.

　이 새로운 세상을 실현한 예수 그리스도를 증언하라.

자신이 세상에 무언가를 제시할 수 있다면 이는 살아 있는 예수가 주는 생명의 능력 덕분이라고 그들은 믿었다. 그들에게 그리스도교는 사회 정의나 윤리 실천을 위한 수단이거나 필요할 때 종교색을 입힐 수 있는 체계가 아니었다. 초기 그리스도인들에게 그리스도교는 세상을 이해하게 해준 이야기, 삶의 모든 순간마다 예수를 주님으로 고백하게 만든 바로 그 이야기였다.

　그러나 그리스도인들이 예수를 주님으로 고백하고 증언하는 일은 그들이 변화된 백성으로서 살아가려 했던 삶과 떨어질 수 없었다. 만물을 아우르는 이야기가 말 그대로 만물을 아우르면서 이야기를 따르는 이들에게 변화를 요구한다는 점을 이해하면, 증언과 변화된 삶의 불가분성은 분명해진다. 사람은 자신이 어떻게 살아야 하는지를 알려주는 이야기대로 살아가기 마련이다.

철학자 찰스 테일러Charles Taylor*가 거듭 지적했듯 현대 사회의 뚜렷한 특징 중 하나는 인간이 변화할 수 있다는 믿음을 상실했다는 것이다. 이와 달리 초기 그리스도인들에게 변화는 어떤 면에서 신앙의 핵심이었다. 부활의 능력은 곧 변화를 의미했다.

> 그리스도께서 아버지의 영광을 힘입어 죽은 사람들 가운데서 일으킴받아 살아나신 것처럼, 우리 자신들도 새 생명 속에서 살아가게 되었습니다. (로마 6:4)

변화의 가능성을 부정한다면, 이는 부활을 부정하는 일과 다름없다(이러한 면에서 현대인들이 변화에 대한 희망을 포기함과 동시에 예수 그리스도의 부활에 대한 믿음을 부정하게 되었다는 사실은 결코 우연이 아니다. 둘은 서로 맞물려 있어 하나를 받아들이면 다른 하나도 함께 받아들여지고, 하나를 부정하면 다른 하나도 함께 무너진다).

변화는 개인의 사적인 삶뿐 아니라 *그*가 사회에서 살아가는 방식 전반에 일어났다. 당시에는 그리스도인 개인의 신앙생활과 사회생활이 나뉘지 않았다. 그리스도인이라면 반드시 삶의 방식이 바뀌어야 한다고 여겼고, 당연히 사회 전반에 퍼진 관행 중 그리스도인의 삶을 거스르는 구조나 관습에 저항해야 한다고 보았다. 다만 그 변화의 방향에 주목할 점이 있다. 초기 그리스도인들은 오늘날처럼 특정 사안에 '자신들의 대의'를 관철해 세상을 변화시키려 하지 않았다. 오히려 공동체로서든 개인으로서든 세상이 볼 수 있는 방식으로 그리스도를 증언하는 데 초점이 있었다. 그들은 사회운동가나 정치가가 아니라, 오직 '그리스도인'이라는 정체성으로 자신을 구별했다(베드로의 첫째 편지, 「디오그네투스에게」Epistle to Diognetus, 「사도 헌장」Apostolic Constitutions 참조). 그리고 그 그리스도인으로 살아간다는 사실은 그들이 세상 가운데 변화를 요청하는 위치에 있게 했다. 이는 초기 그리스도교 문헌 전체에 깊이 배어 있다.

'만물을 아우르는 이야기'는 깊은 차원에서 예수 그리스도의 제자라고 고백하는 삶과 그 고백에 부합하는 삶을 살아가도록 요구했다. 증언과 변화가 분리되는 순간 둘 다 위태로워진다. 바울의 표현을 빌리면 누군가 다른 '복음'이나 다른 규범을 따라 산다면 이는 부활하신 그리스도가 아닌 다른 무언가를 증언하는 일이 된다.

> 여러분을 그리스도의 은혜 안으로 불러 주신 분에게서, 여러분이 그렇게도 빨리 떠나 다른 복음으로 넘어가는 데는, 나는 놀라지 않을 수 없습니다. 실제로 다른 복음이 있는 것은 아닙니다. 다만 몇몇 사람이 여러분을 교란시켜서 그리스도의 복음을 왜곡시키려고 하는 것뿐입니다. 그러나 우리들이나, 또는 하늘

에서 온 천사일지라도, 우리가 여러분에게 전한 것과 다른 복음을 여러분에게 전한다면, 마땅히 저주를 받아야 합니다. 우리가 전에도 말하였지만, 이제 다시 말합니다. 여러분이 이미 받은 것과 다른 복음을 여러분에게 전하는 사람이 있다면, 그가 누구이든지, 저주를 받아야 마땅합니다. 내가 지금 사람들의 마음을 기쁘게 하려 하고 있습니까? 아니면, 하느님의 마음을 기쁘게 해 드리려 하고 있습니까? 아니면, 사람의 환심을 사려고 하고 있습니까? 내가 아직도 사람의 환심을 사려고 하고 있다면, 나는 그리스도의 종이 아닙니다. 형제자매 여러분, 내가 여러분에게 밝혀드립니다. 내가 전한 복음은 사람에게서 비롯된 것이 아닙니다. 그 복음은, 내가 사람에게서 받은 것도 아니요, 배운 것도 아니요, 예수 그리스도의 나타나심으로 받은 것입니다. (갈라 1:6~12)

어떤 사람이 와서, 우리가 전하지 않은 다른 예수를 전해도, 여러분은 그러한 사람을 잘도 용납합니다. 여러분은 우리에게서 받지 아니한 다른 영을 잘도 받아들이고, 우리에게서 받지 아니한 다른 복음을 잘도 받아들입니다. (2고린 11:4)

부활하신 그리스도가 아닌 다른 무언가를 증언하면 부활의 능력을 포기하고 변화의 가능성을 놓치게 된다. 무엇보다 초기 그리스도인들은 위선이 자신들의 증언을 무너뜨릴 수 있는 치명적인 위협임을 깊이 인식하고 있었다. 자신이 그리스도인이라고 하면서 삶은 전혀 그렇지 않은 사람을 보는 일은 그 시대나 지금이나 괴롭고 실망스럽다. 그리고 부활의 능력을 통해 실제로 변화하는 삶, 치유와 기쁨의 방향으로 나아가는 삶은 그 시대나 지금이나 깊은 매력을 지니고 있다.

십자가와 부활, 만물을 아우르는 이야기를 형성하는 흐름

그리스도교 이야기는 단순한 과거에 대한 회상이 아니다. 이를 통해 우리는 예수의 죽음과 부활을 통해 '하느님과 함께하는 미래'가 지금 여기로, 아직도 신음하는 이 세상 한가운데로 들어왔다는 놀라운 시간 감각을 익힌다. 또한, 예수의 십자가 처형과 부활이 만물을 아우르는 이야기를 관통하는 근본 흐름임을 익힌다. 다시 말해, 만물을 아우르는 이야기는 이 흐름을 통해 현실을 '읽을 수 있게' 해준다. 우리가 살아가는 시간의 결은 십자가와 부활의 결을 따른다. 인간의 삶은 고통과 희망, 짓눌림과 회복을 모두 머금고 있다. 실존의 차원에서 볼 때 십자가와 부활이라는 흐름은 인간의 삶 모든 구석에 빛을 비춘다. 인간의 삶에 십자가가 적용되지 않는 곳은 없다. 부활이 일어날 수 없는 곳도 없다.

십자가는 이 세계와 그 안에 사는 인간의 타락이 여전히 이어지고 있으며, 우리가 이를 날마다 겪고 있음을, 그리고 이 세계와 인간이 얼마나 거칠고 깨진 결을 지니고 있는지를 투명하게 드러낸다. 구원자께서는 평화를 이루려 우리 가운데 오시지만, 세상의 통치자들은 그분을 알아보지 못하고 "영광의 주님"을 십자가에 못 박는다.

> 이 세상 통치자들 가운데는, 이 지혜를 아는 사람이 하나도 없습니다. 그들이 알았더라면, 영광의 주님을 십자가에 못 박지 않았을 것입니다. (1고린 2:8)

그렇게 인간의 어두운 삶 전체가 적나라하게 드러난다. 우리는 서로를 죽이지 않고서는 살아가지 못할 뿐 아니라 심지어 우리를 치유하러 오신 주님조차 죽이는 존재들이다. 십자가는 인간 존재가 처한 어두운 진실을 증언한다. 인간이 있는 곳 어디에나 십자가가 있다. 고통은 넘쳐흐른다. 신뢰 위에 세워진 관계는 깨지고 해체된다. 공동체는 붕괴되고 지도자들은 실망을 안기며 실패한다. 민족은 억압받고, 아이들은 병들며 꿈은 무너진다. 희망은 산산이 부서진다. 메시아는 처형당하고, 제자들은 그를 버리고 흩어진다. 삶은 패배하고 죽음이 승리한다.

그러나 '만물을 아우르는 이야기'는 예수의 부활이 이 세상의 더 깊은 결을 드러내며 이 세계가 구속을 향해 나아가고 있다고 선언한다. 십자가라는 현실 앞에서 이 이야기는 우리가 희망을 품을 수 있게 한다. (오늘날 많은 현대인과 달리) 초기 그리스도인은 나자렛 예수의 삶이 십자가 처형으로 끝나고 부활이 일어나지 않았다면 예수에 관해 들려줄 유일한 이야기가 비극일 수밖에 없음을 잘 알고 있었다. 그랬을 경우 이 세상의 가장 깊은 진실은 십자가가 되었을 것이며, 우리가 품을 수 있는 어떤 희망도 결국에는 부패와 죽음이라는 생의 종착지 앞에서 무력해질 수밖에 없었을 것이다. 우리가 나누고 누렸던 모든 사랑, 우리가 행하거나 누군가 우리를 위해 한 모든 선, 더 나은 삶을 향한 모든 노력은 결국 아무것도 아닌 것으로 돌아갔을 것이다. 우리가 사랑하는 사람들과의 관계나 세상에서 누렸던 기분 좋은 일들을 떠올리며, 거기서 억지로 위안을 찾으려는 시도는 결국 자기기만에 바탕을 둔 감상에 지나지 않을 것이다. 그런 위안은 진실을 정면으로 마주하는 순간 연기처럼 사라질 테니 말이다. (스티븐 핑커Steven Pinker의 분석처럼) 세상이 점점 나아지고 있다는 확신은 이상하게 다가올 뿐 아니라 별다른 의미도 없을 것이다. 말기 암 환자에게는 어딘가에서 누군가 점점 더 부유해지고 있다는 사실이 위로가 되지 않는다. 반군이나 갱단, 인신매매 조직에 강제로 끌려간 아이들에게는 세계 일부 지역에서 건강한 사람들이 더 건강해지고 있다는 사실, 잘사는 이들이 더 안락해지고 있다는 소식이 기쁘지 않다. 마찬가지로, 어떤 일을 잘 해냈다는 자부심이나 만족감은 오래가지 못하며 그렇게 세운 것들이 결국 뒤에서 오는 이들에 의해 언제든 무너질 수 있음을 깨닫게 된다. 결혼 생활이 아무리 풍요롭고 깊었더라도 배우자가 죽으면 그 단절이 치유되지 않는다. 즉, 부활의 능력에 담긴 희망은 죽음이라는 진실을 애써 긍정하려는 자세와는 아무런 관련이 없다. 우리가 얼마나 연약한 존재인지, 우리가 사랑하는 것들이 얼마나 쉽게 부서질 수 있는지를 잊게 하거나 속이지 않는다.

예수의 부활은 진짜 고통과 진짜 죽음에서 생명을 끌어내시는 하느님의 참된 승리를 미리 맛보게 하는 희망이다. 초기 그리스도인들, 특히 순교자들은 자신들이 고난받고 죽을 것이며, 모든 세속의 가치는 육체와 함께 사라질 것이라는 사실을 알았다. 그러나 동시에 그들은 모든 존재를 향한 하느님의 최종 말씀은 죽음이 아니라 생명이라는 사실도 알았다. 그래서 그들(스데반, 바울, 베드로, 안티오키아의 이그나티우스Ignatius of Antioch⁺, 폴리카르푸스Polycarp⁺, 페르페투아Perpetua⁺, 펠리키타스Felicity⁺ 등)은 죄와 고난 앞에서 담대했으며 희망의 장소를 만들고 지켰다(때로는 자신의 몸을 희망의 장소로 만들기도 했다). 초기 그리스도인들은 자신의 고난을 '그리스도의 고난에 동참하는 것'으로 여겼고, '함께 십자가에 못 박히는 일'로 여겼다. 고난 자체가 구원을 준다고 여겼기 때문이 아니라 '십자가의 길'이 생명에 이르는 길임을 알고 있었기 때문이다. 그들은 주님의 고난에 동참하며 하느님께서 주님을 일으키셨듯 자신들도 일으켜 주시리라고 믿었다. 우리가 그리스도와 함께 부활할 것이라는 희망이야말로 참된 희망이다. 살면서 순종하며 행하는 모든 선이 궁극의 차원에서 선이 될 수 있는 까닭도 죽음 이후의 삶, 예수가 그러했듯 우리에게도 하느님과 함께하는 삶이, 생명이 있기 때문이다. 부활은 십자가 처형이라는,

혹은 십자가 처형에 담겨 있는 고통과 죽음에 승리하여 이를 뒤집는 사건이자 이를 설명하는 언어다. 우리는 그리스도와 함께 십자가에 못 박혔고 따라서 그분과 함께 부활할 것이다. 부활은 밤이 지나 아침과 함께 오는 기쁨이다. 죄인들이 회개한다. 노예들이 해방된다. 고아들과 병든 이들이 돌봄을 받는다. 죽음은 패배한다. 삶이, 생명이 승리한다.

그러나 부활은 십자가를 무효화하거나 마치 아무 일도 없었다는 듯이 지워버리지 않는다. 오히려 십자가를 끌어안고, 흡수하며, 거기서부터 새로운 무언가를 빚어낸다. 예수의 상처는 사라지지 않았다. 하지만 이제 그의 몸은 썩지 않는 새로운 몸, 부패하지 않는 몸이다. 그는 단순히 다시 살아나 전과 똑같은 삶으로 되돌아오지 않았다. 예수의 부활을 통해 이 땅에서 활동하시는 하느님께서는 십자가에서 이전보다 더 큰 의미를 끌어내신다. 부활은 재창조, 새 창조의 시작이 된다. 생명이 '흘러넘치게' 된다.

집단 학살의 피해자들이 단지 살아남는 데 그치지 않고 고아들을 입양하고 이들을 위해 학교를 세운다. 갱단의 일원이었던 사람들이 삶의 목적을 다시 찾고 세상에서 살아가는 법을 익히며, 자신이 사랑받고 있다는 진실을 발견한다. 약물 중독자들이 회복의 길에 들어서고 다시금 삶을 꽃피운다. 무너졌던 부부 관계가 회복되고 다시 살아난다. 사랑이 움직인다. 교회가 태어난다. 복음이 밖으로 흘러나간다. 순교자들이 세워지고, 그리스도인들이 계속 자라난다.

예수의 부활 안에서, 그의 부활을 통해 영원한 생명이 현재로 들어온다. 주님께서 우리를 영원한 축복이라는 미래, 선한 결말을 향한 여정으로 부르신다. 더는 고통이 없다. 더는 눈물도 없다. 오직 기쁨만 있을 뿐이다.

결과, 효과, 함의 – 하나의 이야기와 그 외 이야기들

만물을 아우르는 이야기는 만물을 아우르기에 이 세상에서 수많은 이야기와 마주한 그리스도인들에게 고유한 시각과 자리를 제공해 준다. 이 부분을 이해하는 것은 매우 중요하다. 자신의 삶이 그리스도교가 전하는 이야기 안에 놓여 있음을 깨닫게 되면, 이 이야기가 다른 이야기들과 어떤 관계를 맺는지 묻게 된다. 인간의 삶을 구성하는 이야기는 매우 다양하고 복잡하다. 그리고 이 이야기들은 단지 특정 문화 안에 갇혀 있지 않으며 한 사람의 삶이나 공동체 안에서도 서로 얽혀 공존하곤 한다. 이 다양한 이야기가 서로 잘 어울리는지, 아니면 충돌하는지는 매우 중요한 문제다. 삶이 통합된 의미를 지니는지, 아니면 서로 어긋난 조각들로 이루어진 모순인지가 결정되기 때문이다. 이는 공동체가 오랫동안 지속될 수 있는지, 내부의 갈등과 혼란으로 인해 무너질지를 가늠하는 문제이기도 하다.

이 책의 결론에서는 서구 사회에서 인간과 관련해 등장한 (그리스도교 이야기에 대한) 가장 강력한 반대 서사를 살펴보고, 그 이야기가 '만물을 아우르는 이야기'로서 그리스도교와 어떻게 맞물리고 충돌하는지를 살펴볼 것이다. 하지만 이러한 상호작용에서 우리가 어떻게 생각하고 살아가야 할지를 배우기 위해서는 먼저 초기 그리스도인들에게 '만물을 아우르는 이야기'가 어떻게 작동했는지를 살펴보아야 한다. 그렇게 할 때 그리스도교 이야기가 다른 이야기들과 어떻게 연결되고, 또 어떻게 충돌하는지, 얼마나 힘을 발휘하는지를 분별할 수 있기 때문이다.

그리스도교가 등장했을 무렵, 세상을 설명하는 강력한 세 가지 이야기가 있었다. 이들은 모두 주목할 만한 가치가 있다. 첫 번째는 이스라엘의 이야기다. 예수를 메시아로 받아들이지 않은 유대인들과 그를 메시아로 고백한 (유대인과 이방인을 포함한) 그리스도인들 사이에서 훗날 논쟁이 벌어졌음에도 불구하고, 초기 그리스도인들은 이스라엘의 경전과 역사, 그리고 이스라엘의 삶이 그리스도교 공동체 안에서 어떻게 이어지고 있는지를 깊이 성찰했다. 실제로 2~3세기 초반의 문헌들을 보면, 이스라엘의 역사에 대한 접근은 매우 다양했지만, 이단 마르키온Marcion과 일부 영지주의 집단을 제외하고는 대체로 공통된 견해를 보였다. 이스라엘과 그리스도교 공동체 사이에는 복잡하나 분명한 연속성이 있다는 것이다. 달리 말해 그리스도인들은 자신들의 이야기가 이스라엘 이야기에서 이어진다고, 성서 속 이스라엘 이야기가 그리스도교 공동체로 성취되었다고 주장했다. 이스라엘이 선택받은 목적은 본래 이방인들("열방")의 빛이 되는 데 있었고, 이제 이 빛은 이방인들과 유대 백성이 함께 모여 이스라엘의 하느님을 예배하며 공동의 삶을 사는 가운데 세상에 퍼져나가고 있었다.

물론 이 연속성 문제는 복잡했다. 무엇보다 많은 유대인은 자신들의 성서가 나자렛 예수와 그의 제자들을 가리킨다고, 그들을 향해 나아간다고 생각하지 않았다. 바울과 루가, 순교자 유스티누스Justin Martyr*를 비롯해 여러 사람을 괴롭힌 문제는 예수가 부활을 통해 메시아이자 주님으로서 자신의 정체성을 입증했다는 주장을 다수의 유대인이 받아들이지 않았다는 점이었다. 메시아를 고대하던 이들이 메시아가 나타났는데 왜 그를 알아보지 못하는가?

'만물을 아우르는 이야기'는 이 질문이 그리스도교 신앙 안에 들어 있으며, 지금도 여전히 계속되고 있음을 전제로 한다. 그리스도교 이야기는 본래 유대인의 성서 이야기, 곧 구약의 서사에 바탕을 두고 있기 때문에 '성서'(구약)를 유대 민족과 함께 하느님의 백성이 존재하게 된 토대로 받아들인다. 그리고 아직 모든 것이 완성되지 않은 지금, 이 성서(구약)를 어떻게 읽고 해석하느냐는 질문에 대한 다양한 논의는 분열의 기점이기보다는 연대와 대화의 근거가 된다. 유대교와 그리스도교는 다른 종교들과 달리, 같은 성서를 공유하는 '책의 백성'people of the book이다. 우리는 함께 성서를 읽는다. (유대인들은 미쉬나Mishnah나 탈무드Talmud를 통해, 그리스도인들은 신약성서를 통해 이야기를 완성하기에) 비록 그 책을 읽고 실천하는 방식에 있어 차이가 있다고 해도 말이다.

유대인의 이야기와 맺고 있는 관계와는 달리, '만물을 아우르는 이야기'는 그리스도인들을 다른 거대한 이야기들과 부딪히게 만든다. 이 이야기들 역시 세상을 이해하고 살아가는 방식에 대해 포괄적인 주장을 내놓았기 때문이다. 당시 고대 다신교 세계에는 세 가지 주요 이야기가 있었고 '만물을 아우르는 이야기'는 이들에 질문을 던지고, 도전하고, 충돌했다.

첫 번째 유형은 철학을 통해 우주 전체를 설명하는 이야기였다. 이 철학은 특정한 삶의 방식을 전제하고 또 이를 뒷받침했다. 신약성서 시대, 로마 사회에서 가장 영향력 있는 철학은 단연 스토아 철학이었다(이 점은 어떤 포괄적 철학 체계에도 적용될 수 있지만, 역사를 보았을 때 가장 적절한 예는 스토아 철학이다). 그리스도교처럼 스토아 철학 역시 생각과 삶이 분리되어서는 안 된다고 이야기했다. 스토아 철학은 우주에 대한 스토아 이야기의 진리를 이해하려면 스토아인이 되어야 한다고 주장했으며 스토아 철학을 삶의 방식으로 받아들이면, 시간이 지남에 따라 스토아 이야기의 진리를 깨닫고, 이해할 수 있는 사람이 되어야 한다고 이야기했다. 삶의 방향을 정해주는 이야기를 따라 살아가는 가운데, 그 이야기가 참되다는 것을 깨닫게 된다고 본 것이다. 그리스도교 이야기 역시 '만물을 아우르는 이야기'임을 주장하며 이 이야기를 따르는 사람의 삶이 실제로 바뀌어야 한다고 강조했다. 그러한 면에서 두 이야기는 충돌할 수밖에 없었다. 둘을 하나의 더 큰 이야기로 통합하는 것은 불가능했다. 사람들은 두 길 중 하나를 선택해야 했다. 한 사람, 혹은 한 공동체가 스토아 철학이 요구하는 삶의 방식과 그리스도교 이야기가 요구하는 삶의 방식을 동시에 살아갈 수는 없었다. 이렇게 만물을 아우르는 이야기는 당시 삶의 목적과 방향을 제시한다고 자처했던 철학 전통들에 대해 도전장을 내밀었다. 저 전통들을 향해 이 이야기는 이렇게 말했다.

> 당신들의 이야기는 사실 만물, 모든 것을 아우르는 이야기가 아니라 그중 일부(피조 세계)에 대한 이야기일 뿐입니다. 그리고 그마저도 창조주를 제쳐두고 피조물을 신격화함으로써 길을 잘못 들었습니다. 진정으로 만물을 아우르는 이야기를 하려면, 이 세계 자체만이 아니라 이 세계를 창조하신 하느님을 알아야 합니다. 그래야만 비로소 삶을 진실하게 살기 위한 참된 틀이 드러나며, 이 세계에서 참된 삶, 참된 생명으로 나아가는 문이 열릴 것입니다.

초기 그리스도인들이 당대 세련되고 정교한 지식과 마주한 방식은 다양하고도 복잡했다. 많은 개종자가 그리스도교 공동체에 들어오기 전에 이교 철학에 깊이 빠져 있었기 때문이다. 그러나 전반적으로 초기 그리스도인들은 한 가지를 분명히 했다. 세상의 진리를 알기 위해서는 만물을 창조하신 하느님께서 예수의 부활을 통해 자신을 드러내셨다는 이야기를 배워야 한다고 말이다. 이 이야기를 떠나서는 아무리 많은 지식을 쌓더라도 구원에 이를 수 없다고 이들은 주장했다. 물론, 초기 그리스도인들은 이교 철학자들의 위대함과 명성을 인정했고, 때로는 그들의 글을 자주 인용하기도 했다. 하지만 그때 방점은 언제나 '삶'에 있었다.

　　삶을 바꾸십시오. 그러면 진리를 알게 될 것입니다.

만물을 아우르는 이야기는 생각과 삶을 따로 떼어놓기를 거부했다. 그리고 하느님과 그분이 창조하신 모든 것을 알기 위한 길은 생각과 실천이 하나 되는 삶이라고 선포했다.

　고대 사회에서 두 번째로 중요한 거대한 이야기는 명시적으로 표현되지는 않았지만, 당시 사회에서 암묵적으로 전제되고 있었다. 그 이야기란 다신교를 통해 우주와 그 안에서 인간의 자리를 설명하는 이야기였다. 고대 세계에서 다신교는 일상에 깊이 뿌리내린 삶의 방식이었다. 일부 지식인들이 존재의 사다리 맨 꼭대기에는 최고신, 부동하며 불변하는 절대자가 있다고 주장하기는 했지만, 이러한 사변이 로마 세계 다수를 차지하던 사람들의 일상에서 활동하던 신들과 그 역할을 문제 삼는 일은 거의 없었다. 사람들은 신들이 삶에 개입한다고 믿었고 그들의 권위는 도전받지 않았다.

물론 신들에 대한 사람들의 이해는 지역마다 달랐고, 신들을 둘러싼 이야기도 상상할 수 없을 정도로 다양했다. 다신교는 결코 하나의 단순한 체계가 아니었으며 광범위했고 다양한 형태를 지니고 있었다. 하지만 그런 다양성에도 불구하고 전반에 걸쳐 암묵적이지만, 일관되게 흐르고 있던 전제는 분명했다. 세상에는 수많은 신과 신과 같은 존재들, 정령들과 영적 존재들이 얽혀 있으며 그들은 삶에 실제로 영향을 미치고 우리는 그들을 존중하거나 예배해야 한다는 믿음이었다. 지역마다 선호하는 신이 달랐으며 어떤 곳에서는 새로운 신(그리고 그 신에 대한 제의 방식)을 더 적극적으로 받아들이기도 했지만, 로마 세계는 삶의 다양한 층위 전반에 걸쳐 다신교로 짜여 있었다.

이런 다신교는 단순한 '믿음의 체계'가 아니었다. 다신교는 삶의 방식이었다. 종교를 '믿음의 영역'과 '일상의 영역', 혹은 '세속 영역'으로 나누는 근대의 관점과 달리 고대 다신교 세계는 두 영역을 분리하지 않았다. 삶의 모든 영역에는 신들이 스며들어 있었다. '이교도'pagan로 산다는 것은 곧 다신교의 방식으로 살아간다는 의미였다. 당시 많은 사람은 발목과 목에 부적을 찼고, 집에 작은 신상들을 모셨다. 도시에는 거대한 신전과 조각상이 있었고, 신들을 기리는 축제가 끊임없이 열렸다. 지역, 권력 구조도 신들과 관련이 있었다. 오늘날 가장 많이 발견되는 파피루스 자료는 사랑과 건강을 비는 기도문들이다(이런 면에서 인간은 그때나 지금이나 비슷하다). 사람들은 하나의 신에게만 저 기도문들을 바치지 않았다. 이름조차 발음하기 힘든 신들, 어떤 경우에는 이름도 남아 있지 않은 신들을 포함해 상상할 수 없을 정도로 수많은 신이 있었고 시간이 지나면서 그 수는 계속 늘어났다. 새로운 신이 등장하면, 그 신은 기존의 신 목록에 추가되어 사람들의 일상에 스며들곤 했다. 로마 세계에서 태어나 살았던 모든 이는 예외 없이 다신교도였다.

그리스도교 이야기가 다신교의 전제를 정면으로 다루기 전까지는 그 전체 체계가 틀릴 수 있다는 생각 자체가 존재하지 않았다.[8] 그러한 와중에 만물을 아우르는 이야기는 다신교가 전제로 삼고 있던 삶의 방식 전체에 의문을 제기했고 그 다양한 형태를 창조주가 아닌 피조물을 숭배하는 것으로 새롭게 해석했다. 초기 그리스도인들이 보기에 다신교는 단지 신들에 대한 여러 이야기, 혹은 이야기들의 모음이 아니었다. 다신교는 하느님이 아닌 것들을 다층적으로 해석하고 드높이는 복잡한 틀이었다. 그 이야기에 참된 하느님, 진실로 예배해야 할 분은 제대로 등장하지 않았다. 이 하느님이 그리스도교를 통해 세상에 드러났기에 그리스도인들은 다른 이야기들, 그리고 이에 수반되는 (예배와 제사, 축제와 달력 등과 같은) 실천들과 충돌했다. 그리고 이 충돌은

---

[8] 유대인들이 다신교를 거짓(즉 우상숭배)으로 간주한 것은 분명하다. 그러나 그들은 다신교와의 직접적 대결이나 선교, 곧 모든 비유대인을 그들의 신들로부터 유일하신 참 하느님, 이스라엘의 하느님께로 돌이키려는 적극적이고 조직적인 시도에는 그리스도인들처럼 나서지 않았다. 신약성서가 보여주듯 그리스도인들은 처음부터 바로 이러한 일을 실행에 옮겼다.

고대 사회 전체를 지탱하던 종교 구조를 서서히 무너뜨리고 다시 짜는 일로 이어졌다.

그리스도인들에게 '신들'은 이제 물러나야 할 존재들이었다. 그리고 이는 그 신들을 중심으로 짜여 있던 삶의 방식도 바뀌어야 한다는 것을 의미했다. 그렇기에 당시에 그리스도교로 개종하기 위해서는 커다란 대가를 치러야 했다. 교회는 신앙의 형제자매들에게 그때까지 당연하게 여기던 많은 것을 잊고 이들을 새로운 것으로 대체해야 한다고 이야기했다. 그리스도인들은 사회의 차원에서 보나 관계의 차원에서 보나 정치의 차원에 보나 새로운 방식으로 세상 속에서 자리를 잡아야 했다.

세 번째 유형의 거대 해석 이야기는 다신교에 속해 있으면서도 로마 제국 시대에 이르러 독특한 위상을 지니게 된 이야기였다. 그 이야기란 바로 로마 황제의 신격화와 그를 숭배하고 경배하는 문화였다. 고대에는 이런 말이 널리 퍼져 있었다.

> 신이란 어떤 존재인가? 통치하는 자다. 왕이란 무엇인가? 신과 같은 자다.[9]

로마 제국 제의 연구 초기에는 학자들 간에 당시 사람들이 살아 있는 황제를 정말 신으로 보았는지를 두고 논쟁이 있기도 했다.

---

[9] 다음 책에서 재인용했다. Manfred Clauss, *Kaiser und Gott: Herrscherkult im römischen Reich* (Munich: K. G. Saur, 2001), 6.

이와 달리 최근 연구는 문제의 핵심을 좀 더 분명하게 포착해 냈다. 즉, 황제 가까이에 있던 이들이나 정적들이 그를 어떻게 보았든 로마 제국 전역에서는 황제에게 예배하고 제사를 드리는 것을 당연시했다. 황제가 가진 권력을 신의 속성으로 여긴 것이다. 황제를 신으로 보는 이해는 공식 문서나 선언문에만 나오지 않았으며 제국 전역에서 이루어졌던 (제사를 드리고, 찬양하고, 동상을 세우고, 초상화를 보급하고, 동전에 얼굴을 새기는 등) 실제 삶에 스며들어 있었다.

이러한 로마 제국의 신학은 황제가 바로 세상의 '주'lord이며 '신'이라는 이야기를 전제로 했다. 이때 그가 실제로 비교적 선한 인물이었는지, 아니면 매우 악한 인물이었는지는 중요하지 않았다. 황제는 황제였기 때문에 신과 같은 존재였다. 실제로 파르테논 신전의 대들보에는 황제 네로를 가리켜 "만물의 주"Lord over all라고 새긴 문구가 남아 있다.

초기 그리스도교와 로마 제국 신학 및 실천 방식의 충돌은 산발적으로, 우연히 일어났다. 스미르나와 에페소, 비티니아/폰투스 지방에서 박해와 충돌이 일어났지만, 그리 큰 규모라고 할 수는 없었으며 제국 전역에 걸친 조직적인 박해는 기원후 251년 황제 데키우스Decius 통치기에야 시작되었다. 하지만 어떤 면에서, 이 충돌은 뿌리 깊고, 전면적이었으며, 삶의 모든 영역에서 일어났다. '만물을 아우르는 이야기'는 오직 한 분 주님에게만 예배해야 한다고 말했으며 그리스도인들에게 이것이 다른 모든 요구를 넘어선 궁극의 요구라고 가르쳤다. 초기 그리스도인들은 황제를 무너뜨리거나 제국을 운영하려 하지 않았다. 그런 일은 애초에 상상조차 하지 못했다. 그러나 참된 주님을 대체하려는 누군가, 혹은 무언가가 등장할 때마다, 그리고 이들을 예배해야 한다는 이야기가 나올 때마다 이에 동조해서는 안 된다고 생각했다. 황제가 아무리 거대한 권력을 가진 통치자라 해도 자신을 '만물의 주'라고 주장하는 순간 그는 예수 그리스도의 정체성과 주권을 가로채는 찬탈자가 된다.

그렇기에, 다시 한번, '만물을 아우르는 이야기'는 로마인들의 삶에 중요한 자리를 차지하고 있던 것을 '하느님을 대신한 무언가에 관한 이야기'로 보게 만들었다. 제국 신학은 '만물을 아우르는 이야기'의 일부가 아니었고, 참된 하느님 없이는 인간이 자신에 대해 참되게 말할 수 없음을 보여주는 또 하나의 사례에 불과했다.

이렇게 '만물을 아우르는 이야기'는 그리스도인들을 그리스도인으로서 이 세상에, 정치 현실 가운데 서게 했다. 그리고 여기서 그리스도교 신앙에 입각한 독특한 정치적 사고와 실천이 태어났다. 그리스도교가 확산하고 성장하면서 이러한 사고와 실천은 다양한 모습으로 나타났다. 하지만 가장 분명하게 눈에 띈 실천은 황제에게 예배하거나 제사 드리기를 거부함으로써 예수 그리스도를 부인하지 않는 행동이었다. 만인이 보는 앞에서 이렇게 거부했을 때 그리스도교 이야기가 눈앞에 드러났고, 그 결과 순교가 일어났다. "당신은 그리스도인입니까?"라는 물음에 초기 그리스도인들은 반복해 "그렇습니다"라고 대답했다. 그렇게 그들은 죽음을 눈앞에 두고 부활에 대한 희망을 드러냈다. 하느님과 하느님이 아닌 모든 존재에 대한 이야기는 단지 머리로 이해하는 이야기가 아니라 살아내야 할 이야기였다. 심지어 그 진리를 위해 목숨을 내놓는 한이 있더라도 말이다.

결론

'만물을 아우르는 이야기'는 이스라엘의 하느님과 그분 백성 사이의 오랜 역사, 그리고 그 하느님께서 보내신 메시아, 나자렛 예수의 생애가 교차하는 지점에서 탄생했다.

대림과 십자가 처형, 부활을 통해 초기 그리스도인들은 이스라엘 이야기가 확장된 만물을 아우르는 이야기가 필요함을 깨달았다. 그리하여 만물을 창조하신 하느님, 인간의 타락 이후 이스라엘을 선택하신 하느님, 예수를 메시아로 보내신 하느님, 예수를 중심으로 새롭게 당신의 백성을 (다시) 빚어내시는 하느님, 언젠가 죄와 슬픔이 사라질 때 피조 세계를 새롭게 하시고, 그렇게 피조 세계를 완성하시는 하느님에 관한 이야기가 자리매김했다. 이 이야기는 초기 그리스도인들에게 자신이 살아가는 시대를 이해할 수 있는 틀이 되었다. 하느님께서 인류에게 약속하신 선한 미래가 이미 현재에 들어왔고 그 미래는 우리를 부르며 앞으로 나아가게 한다. 옛 세상 한가운데서 새로운 창조의 시간이 시작되었다. 이 이야기를 통해 그들은 현실을 예수의 십자가와 빛으로 해석할 수 있게 되었다. 그리하여 세상의 이야기도 예수 안에서 새롭게 말할 수 있게 되었다. 여기에는 인간의 고통과 완고함, 악을 '십자가'라 이름 붙이는 일이 포함된다. 이 현실은 하느님께서 이루시는 평화와 화해, 구원과 정면으로 충돌했다. 동시에 희망을 끝끝내 포기하지 않는 인류의 불가사의한 끌림에 '만물을 아우르는 이야기'는 부활을 영원한 삶, 생명의 미래로 부르는 초대라고 이름 붙였다. 그리스도인들은 이야기했다. '하느님께서는 십자가 처형을 세상에 대한 마지막 말로 받아들이기를 거부하시고, 부활로 응답하심으로써 일그러지고 부서진 현실을 구원의 생명으로 회복시켜 가신다.'

'만물을 아우르는 이야기'는 초기 그리스도인들을 독특하고도 복잡한 자리로 이끌었다. 이 이야기는 그리스도인들로 하여금 (그리스도교를 받아들이지 않은) 유대인들과 미묘한 관계를 형성하게 만들었고, 로마 제국 전반을 지배하던 이야기들에 맞선 '대항문화'의 존재로 자리매김하게 했다. 이 시기 그리스도교 공동체의 일원이 되기 위해서는 세상을 바라보는 눈, 세상 안에서 자신의 자리를 이해하는 방식을 근본적으로 바꿔야 했다. 익숙했던 앎의 틀 중 일부는 버리고, 그 빈 자리에 새로운 앎의 틀을 세워야 했다. 삶의 방식도 달라져야 했다. 오랫동안 당연하게 여겼던 깊고 끈질긴 습관들 역시 다시 검토해야 했고, 바꿔내야 했다. 초기 그리스도인들의 말에 따르면 이러한 변화는 땅이 흔들리는 듯한 일이었다. 매우 어려웠고, 삶 전체에 지대한 영향을 미쳤지만, 그 안에는 비할 바 없는 기쁨이 있었다. 결국, '만물을 아우르는 이야기'를 따라 살아간다는 것은 새로운 삶을 익히는 일이었다. 이러한 맥락에서 바울은 말했다.

> 누구든지 그리스도 안에 있으면, 그는 새로운 피조물입니다. (2고린 5:17)

이어지는 두 장에서는 세상에 들어오며 놀라움을 던졌던 그리스도교가 인간과 제도에 어떤 변화를 만들어 냈는지 살펴볼 것이다.

제3장

인간

    오늘날 우리가 던질 수 있는 가장 커다란 질문 중 하나는 인간이란 무엇이냐는 질문이다. 생각해 보면, 우리가 인간이 무엇인지 궁금해한다는 사실은 꽤나 기이한 일이다. 이 세상의 피조물 중 어떤 동물도 자신이 무엇인지 궁금해하지 않는다. 개는 그냥 개로서 살아간다. 개가 개로서 할 법한 행동을 한다. 그게 전부다. 그러나 인간은 자신이 무엇인지, 누구인지 끊임없이 묻는다. 이런 질문을 한다는 사실만으로도, 그 답을 우리는 태어날 때부터 본능으로 알고 있지 않음을 알 수 있다. 그 답이 우리에게 자명하다면, 굳이 궁금해할 필요가 없을 것이다. 탐구도 필요 없고, 사색도 필요 없었을 것이다. 인간이 무엇인지 그냥 알았을 것이다. 하지만 실제로 자의식을 경험한 순간부터 인간은 자신에게 일종의 신비가 된다. 그리고 그때부터 '나 자신이라는 신비', '인간이라는 신비'를 붙잡고 계속 성찰한다.

'만물을 아우르는 이야기'는 인간이 무엇인지에 대한 답을 철학이나 과학 같은 방법으로 아무리 깊이 파고들어도 스스로 찾아낼 수 없다고 말한다. 물론 몇 가지 중요한 사실들을 배울 수는 있다. 하지만 우리가 궁극적으로 찾는 답에 도달할 수는 없다. '나'를 찾아 나서지만, 그 '나'는 여전히 나에게 감추어져 있다. 우리가 신비인 이유는 타락 이후부터 '우리가 누구이고 무엇인지' 알려주는 이야기를 얻기 전까지 그렇게 존재할 수밖에 없기 때문이다. 달리 말해, 우리가 누구이고 무엇인지는 우리의 힘으로 지어낼 수 있는 것이 아니라, 우리 밖에서 우리에게 드러나야 한다. 그래서 인간의 자기 이해는 결국 선물이다.

우리가 누구이고 무엇인지는 오직 선물을 통해서만 알 수 있다는 이야기는 오늘날 인간 정체성과 관련해 커다란 영향력을 행사하는 이야기들과 정면으로 충돌한다. 현대 사회는 우리에 대한 이야기는 우리가 만드는 것이라고 이야기한다. 현대인들은 자신의 이야기를 스스로 만들어야 한다고 믿는다. 이 관점에 따르면 우리는 우리가 되고 싶은 모습을 발견하고, 거기에 맞춰 삶을 만들어 간다. '우리'는 곧 우리가 스스로 써 내려간 이야기들이다. 여기에는 우리의 욕망, 관계, 관심사, 꿈, 상처받은 경험, 성공 등이 들어간다. 그런데 이와는 달리 '만물을 아우르는 이야기'는 인간성이 주어지는 것이라고, 우리의 기원과 우리가 누구인지에 대한 분명한 이해는 우리 스스로 만든 방식이 아니라 우리가 창조되고 구속된 방식 속에서 드러난다고 말한다. 달리 말해, 우리가 누구이며 무엇인지를 알기 위해서는 '만물을 아우르는 이야기'를 우리의 이야기로 받아들여야 한다. 그렇다면 질문은 이렇게 바뀐다. '우리가 그렇게 했을 때, 드러나는 인간의 모습은 어떠한가?'

예수의 의미를 성찰하며 그리스도교가 세상에 던진 인간에 대한 관점은 인간이란 무엇이냐는 물음에 대해 새롭고 급진적인 주장을 담고 있었다. 이 새로운 주장은 너무나 독특해 '인간에 대한 그리스도교의 계시'라고 부를 수도 있다. 물론, 그전부터, 한참 전부터 인간은 존재했다. 그러나 그리스도라는 빛 아래, 빛 가운데 빚어지고, 빚어지도록 부름받은 인간은 이전과 달랐다. 그렇기에 인간이 무엇이 되었는지를 이해하기 위해 초기 그리스도인들은 많은 것을 새로 익혀야 했다. 그리스도인들이 그린 인간의 모습을 이해하기 위해 반드시 알아야 할 네 가지 사안이 있다. 이제부터는 그 네 가지를 차례로 살펴보려 한다.

나자렛 예수는 인간이다

초기 그리스도교의 인간관에서 가장 독창적이고 놀라운 주장은 나자렛 예수가 인간이라는 것, 그리고 다른 모든 인간은 그의 형상이라는 것이다. 창세기에서 우리는 인간이 하느님의 형상으로 창조되었다는 말씀을 읽는다.

> 하느님이 말씀하시기를 "우리가 우리의 형상을 따라서, 우리의 모양대로 사람을 만들자. 그리고 그가, 바다의 고기와 공중의 새와 땅 위에 사는 온갖 들짐승과 땅 위를 기어다니는 모든 길짐승을 다스리게 하자" 하시고, 하느님이 당신의 형상대로 사람을 창조하셨으니, 곧 하느님의 형상대로 사람을 창조하셨다. (창세 1:26~27)

예수 시대 훨씬 이전부터 유대인들은 이 구절을 읽었다. 그들은 오랫동안 그 의미를 깊이 성찰했다. 전반적으로 유대인들은 이 하느님의 형상이 유대 민족을 가리킨다고 보곤 했다. 그들은 자신들이 세상에 존재하는 하느님의 형상이라고, 이스라엘의 하느님과 그분이 바라시는 삶의 방식을 드러낸다고 생각했다. 현대인의 눈에 이러한 해석은 다소 낯설게 보일 수 있다. 저 본문은 유대 민족뿐만이 아니라 모든 인간에게 적용되는 것처럼 보이기 때문이다. 그러나 성서 이야기가 아담에서 시작해 아브라함의 선택과 유대 민족의 형성으로 이어지는 흐름을 고려하면 이런 유대인들의 해석은 결코 이상하지 않다. 아브라함 이후 성서는 이스라엘과 비이스라엘(이방인 혹은 '열방')에 대해 말한다. 이 문제를 깊이 성찰한 유대인들에게 성서 이야기는 이렇게 들렸을 것이다. 인간은 모두 하느님의 형상으로 창조되었으나 시간이 흐르며 그 형상은 하느님께서 자신을 특별히 증언하도록 선택하신 한 민족, 즉 유대 민족에게 집중되고 그들을 통해 구현된다고 말이다. 다시 말해 유대인들은 형상을 이해할 때 '시간'과 '역사'를 진지하게 고려했다.

이는 억지스럽지 않다. 유대인 독자들은 아담을 이해하기 위해 시대를 초월한 본질을 찾으려 하지 않았다. 대신 그들은 자신들의 역사가 어떻게 하느님의 형상을 지닌 백성으로 전개되었는지를 설명해 주는, 성서에 기초한 발전의 논리를 찾으려 했다. 현대 창세기 해석자들은 본문을 여러 전승의 조각으로 나눈 다음 각 조각을 다른 조각과, 그리고 성서 이야기 전체와 분리해 읽는 경향이 있다. 그러나 고대 유대인 해석자들은 성서를 서로 다른 조각들의 모음이 아니라 복잡하지만 하나로 전개되는 이야기로 받아들였다. 성서 서사 흐름에 따르면 아담은 이스라엘로 이어진다. 하느님의 형상이 중요한 측면에서 역사 가운데 그 형상을 이어 온 한 민족에게 독특한 방식으로 담겨 있다고 유대인들은 이해했다.

누군가는 그리스도인들이 유대인의 해석을 뒤집었다고 생각할 수 있지만, 신약성서는 그 해석을 부정하지 않았다. 오히려 유대 민족이 하느님의 형상을 지녔다는 생각을 밀고 나아가 이를 한 유대인에게 집중한다. 유대 민족의 역사는 하느님의 형상이 역사를 통해 드러나는 여정이었지만, 이 여정이 한 지점에서 절정을 이룬다고 그리스도인들은 생각했다. 즉 예수야말로 이스라엘의 하느님을 증언하도록 선택받은 이라는 것이다.

주님께 나아오십시오. 그는 사람에게는 버림을 받으셨으나, 하느님께는 택하심을 받은 살아 있는 귀한 돌입니다. (1베드 2:4)

백성은 서서 바라보고 있었고, 지도자들은 비웃으며 말하였다. "이 자가 남을 구원하였으니, 정말 그가 택하심을 받은 분이라면, 자기나 구원하라지." (루가 23:35, 이 구절은 매우 아이러니하다.)

예수와 하느님 사이에는 거리나 간극이 없다. 예수의 생명이 곧 하느님의 생명, 예수의 삶은 곧 하느님의 삶이어서 두 분은 '주님'(퀴리오스*κύριος*)이라는 동일한 정체성을 공유한다. '주님'은 다름 아닌 주 예수 그리스도다. 필립비인들에게 보낸 편지(빌립보서) 2장 5절에서 11절에 나오는 찬송시는 노래한다.

여러분 안에 이 마음을 품으십시오. 그것은 곧 그리스도 예수의 마음이기도 합니다. 그는 하느님의 모습을 지니셨으나, 하느님과 동등함을 당연하게 생각하지 않으시고, 오히려 자기를 비워서 종의 모습을 취하시고, 사람과 같이 되셨습니다. 그는 사람의 모양으로 나타나셔서, 자기를 낮추시고, 죽기까지 순종하셨으니, 곧 십자가에 죽기까지 하셨습니다. 그러므로 하느님께서는 그를 지극히 높이시고, 모든 이름 위에 뛰어난 이름을 그에게 주셨습니다. 그리하여 하늘과 땅 위와 땅 아래 있는 모든 것들이 예수의 이름 앞에 무릎을 꿇고, 모두가 예수 그리스

> 도는 주님이시라고 고백하여, 하느님 아버지께 영광을 돌리게
> 하셨습니다. (필립 2:5~11)

예수는 이제 "모든 이름 위에 뛰어난 이름", 곧 '주님', 야훼의 이름을 지녔다. 그래서 "하늘과 땅 위와 땅 아래 있는 모든 것들이 예수의 이름 앞에 무릎을 꿇고, 모두가 예수 그리스도는 주님이시라고 고백"한다. 예수가 "하느님의 형상"이라 불리는 이유는 바로 이 정체성을 공유하기 때문이다.

> 그들의 경우를 두고 말하면, 이 세상의 신이 믿지 않는 자들의
> 마음을 어둡게 하여서, 하느님의 형상이신 그리스도의 영광을
> 선포하는 복음의 빛을 보지 못하게 한 것입니다. (2고린 4:4)

> 그 아들은 보이지 않는 하느님의 형상이시요, 모든 피조물보다
> 먼저 나신 분이십니다. (골로 1:15)

예수는 충만한 실재를 담지 못한 채 반영만 하는 거울 같은 존재, 그러한 의미로서의 하느님의 형상이 아니다. 그는 창조와 선택의 역사 속에서 하느님께서 자신을 형상으로 드러내시는 방식 그 자체다. 하느님의 형상에 관한 모든 역사는 바로 이 지점을 향해 나아갔다. 나자렛 예수 안에서, 그를 통해 하느님께서는 자신의 형상을 완전히, 그리고 온전히 드러내셨다. 예수가 곧 '하

느님의 형상'이다.

그래서 예수는 새로운 아담이기도 하다. 루가와 바울은 하느님의 형상으로 산다는 것은 창세기 1장 26~27절에서 묘사한 창조를 다시 살게 되는 것이라고 생각했다(루가 3~4장, 로마 5장 참조). 예를 들어 마태오복음서는 예수가 유대인의 메시아임을 보여주기 위해 아브라함에서 다윗을 거쳐 예수에 이르는 족보를 제시하는 반면, 루가복음서는 거꾸로 예수에서 시작해 다윗, 모세, 아브라함과 셋을 거쳐 "하느님의 아들"이었던 아담까지 거슬러 올라간다. 루가복음서의 족보는 이스라엘이 선택받기 전, 유대인과 이방인이 갈라지기 전까지 올라가고 그 끝에는 하느님의 형상으로 창조된 최초의 인간, 하느님의 아들, 아담이 있다.

루가는 이 족보를 통해 '하느님의 아들'the Son of God 예수와 하느님의 아들the son of God 아담을 나란히 놓는다. 그가 하고 싶은 말은 분명하다.

> 참된 하느님의 아들이 돌아오셨으며 예수 안에서, 그를 통해 아담이 새롭게 나타났다.

이 족보가 루가복음서의 저 위치에 배치된 이유도 어렵지 않게 알 수 있다. 족보가 제시된 이후 바로 등장하는 장면이 유혹이기 때문이다. 옛 하느님의 아들이 나타나 유혹을 받았듯, '하느님의 아들'도 나타나 유혹을 받는다. 옛 하느님의 아들 아담이 인류 역사의 방향을 결정했듯 '하느님의 아들' 예수는 그 역사를 짊어진다. "네가 하느님의 아들이거든 …" 이라는 악마의 첫마디는 창세기 전체에 흐르는 순종과 결단이라는 문제를 반향한다(루가 4:3). 그리고 예수는 악마의 유혹을 거부하고, 그의 공격을 막아내며, 결국 승리를 거둔다. 루가의 이야기에 따르면 이는 하나의 '새로운 창조'다. 인간이 새롭게 빚어지고, 가능성이 새롭게 열리며, 인간에게 요구되는 삶이 더 깊어지고, 인간의 참된 정체성이 다시 드러난다. 루가복음서에서도, 바울에게도 아담, 곧 인간은 주 예수, '하느님의 아들'이다. 루가복음서에서 시작된 예수 이야기는 사도행전에서도 이어진다. 주 예수는 자신의 인격을 통해 참된 인간이란 무엇인지를 온전히 보여준다. 이제 인간은 옛 아담의 형상이 아닌, 그리스도의 형상을 드러내는 존재로 새롭게 정의된다.

'하느님의 형상'과 관련된 초기 그리스도교의 창세기 해석은 예수를 하느님의 형상으로 이해하기 위해 아담까지 거슬러 올라간다는 점에서 (그리스도인이 아닌) 유대인의 해석과 달랐다. 성서의 역사에는 분명 발전의 흐름이 있지만, 그 발전은 아담에서 이스라엘로 향할 뿐 아니라 이스라엘에서 다시 아담으로 향하기도 한다. 이러한 맥락에서 교부들은 아담에서 시작된 인간의 길을 그리스도께서 새롭게 되풀이하셔서 완성하셨다는, '총괄갱신'recapitulation이라는 복잡한 시간관념을 말했고, 초기 그리스도인들은 그렇게 성서를 읽었다.[1] 그들은 미래를 향해 읽는 동시에 과거를 향해, '형상'인 아담에서 '형상'인 이스라엘로, 그리고 다시 '형상'인 아담으로 역사를 읽었다. 그리하여 그들은 아담이 처음부터 예수 그리스도의 형상이었으며, 때가 차 '돌아온 아담'으로서 오신 분이 바로 예수 그리스도라고 이야기했다.

하느님의 형상과 관련된 창세기 본문에 대한 이러한 해석은 초기 그리스도인들이 인간이란 무엇인가를 말하는 방식에 커다란 영향을 미쳤다. 그들에게 하느님의 형상은 추상이거나 일반적인 개념이 아니었다. 구체적이며 인격을 지닌 존재, 즉 예수 그리스도였다. 그들은 인간이 예수의 형상을 지녔기 때문에 하느님의 형상을 지녔다고 생각했다. 이렇게 초기 그리스도인들은 그리스도론에 입각해 인간을 이해했다. 그들에게는 '예수 그리스도'라는 하나의 이름이 모든 인간을 설명하는 가장 중요한 말이었다. 신약성서와 그 직후 시대에는 예수와 무관하게 인간을 정의하려는 시도가 전혀 나타나지 않는다. 이를테면 인간이 다른 피조물과 구별되는 이유는 인간이 이성이나 독특한 생리 구조, 혹은 선악을 분별할 수 있는 성향을 갖고 있기 때문이라고 말하지 않았다. 물론 인간이 저런 특징들을 지녔다고 말할 수 있다. 하지만 이들을 인간됨의 기본 조건으로 여기는 순간, 이는 예수 그리스도와 무관한 추상적인 생각이 된다. 이러한 일반적

---

[1] '리캐피툴레이션'Recapitulation이란 단어에는 "머리부터 다시 시작한다"는 뜻이 있다('카푸트'caput는 라틴어로 '머리'를 뜻한다).

인 관찰에는 그리스도교다운 요소가 없다. 누구나 할 수 있고, 누구든 반박할 수 있다. 그러나 초기 그리스도인들은 인간을 이야기할 때 예수로부터 시작했다. 그리고 우리가 다른 누군가를 만나면 이는 동시에 예수를 만나는 것이기도 하다고 이야기했다. 이렇게 구체적인 한 인물을 중심으로 인간을 규정한 사례는 역사상 전례 없는 일이었다.

근대 사회는 인간을 '본질'essence이나 이성을 발휘할 수 있는 능력, 욕망, 혹은 그 밖의 여러 기준으로 이해하도록 가르쳤다. 그러나 신약성서는 전혀 다른, 그리고 놀라운 말을 한다. 인간이란 무엇인지를 생각한다는 것은 곧 예수 그리스도를 생각하는 일이라고 말이다. 초기 그리스도인들은 창세기 1장에 나오는 '하느님의 형상'Imago Dei이라는 표현을 이렇게 해석했다. 인간이 닮도록 창조된 그 형상은 다름 아닌 하느님의 아들 예수라는 것이다. 그렇다면, 인간이 육체를 지니고 있다는 사실이 의미심장해진다. 인간이 육체를 입고 세상에 나타나는 이유는 하느님의 아들이 시간 속에서 육신을 입은 인간 예수로 오셨기 때문이다. 그분의 형상대로 창조되었다는 것은 곧 육체를 지니고 있다는 뜻이다. 이 같은 맥락에서 육체를 지닌 인간을 바라볼 때, 우리는 그리스도의 형상을 본다. 이런 생각을 바탕으로, 이제 질문의 또 다른 측면을 살펴볼 차례다.

인간은 '그리스도'이다

예수 그리스도가 인간이기에, 모든 인간은 예수 그리스도다. 이 논리는 단순하면서도 심오했고, 그 여파는 엄청났다. 역사에서 이는 완전히 새로운 인간 이해였다. 로마 세계에서 인간을 분류하는 방식은 당시 등장한 다양한 철학만큼이나 다양하고 복잡했다. 그러나 그 어떤 분류 체계도, 어떤 철학도 모든 인간과 연결되어 있는 중심인물을 기준으로, 그 빛 안에서 인간을 이해하지는 않았다. 따라서 모든 인간은 그 인물과의 관계를 통해서만 비로소 누구인지 제대로 이해할 수 있다고 말한 경우도 없었다. 게다가, 어떤 철학 사조도 인간이라는 말을 모든 사람에게 똑같이 적용하지 않았다. 언제나 어떤 방식으로든 '야만인'barbarian이 있다고 여겼다. 심지어 모든 인간이 철학의 학생이 될 가능성이 있다며 평등을 강조하던 스토아 철학조차 실제 삶 속 인간들 사이에 존재하는 차이를 사유할 때는 철저하게 구별했다.

하지만 그리스도교가 말하는 인간의 범위는 인류 전체였다. 거기에는 어떤 예외도 없었다. 인류는 하나다. 아담 안에서 하나이며, 새 아담인 그리스도 안에서도 하나다. 인간은 예수 그리스도의 형상이기에 어디에 살든, 어디 출신이든 누구도 그리스도가 아닌 이는 없으며 따라서 '모자란 인간'이나 '다른 부류의 인간'은 있을 수 없었다. 그분이 만물을 존재하게 한 분이자 만물과 관계를 맺고 있기 때문에 이 세상에 존재하는 모든 인간은 다 그의 형상 안에 있다고 그리스도인들은 생각했다.

세례는 그리스도 안에서, 그리스도를 통해 주어진 참된 인간성이 무엇인지를 밖으로, 모든 이 앞에 드러내는 활동이다. 널리 알려져 있듯 바울은 갈라디아 교회의 세례받은 그리스도인들에게 놀라운 말을 했다.

> 유대 사람도 그리스 사람도 없으며, 종도 자유인도 없으며, 남자와 여자가 없습니다. 여러분 모두가 그리스도 예수 안에서 하나이기 때문입니다. (갈라 3:28)

오늘날 이 구절은 온갖 대의를 정당화하기 위한 말로 읽는 경우가 많지만, 그 핵심 의미는 훨씬 더 깊다. 과거든 현재든, 어떤 사람은 높이고, 어떤 사람은 낮추는, 어떤 사람은 더 인간답다고, 어떤 사람은 덜 인간답다고 말하는 현실, 그렇게 인간을 갈라치는 현실 앞에서 바울은 창세기 1장의 반향을 담아 이렇게 말하고 있는 셈이다.

> 그리스도 안에서는 정말로 어떤 차이도 없습니다.

이러한 새로운 인간 이해의 전망을 처음 열어젖힌 이는 다름 아닌 예수였다. 그는 우리가 물려받고 오랫동안 유지해 온 경계 너머에 있는 이를 '같은 인간'으로 보지 못하는 문제가 매우 심각한 문제이며 단순한 가르침만으로는 극복할 수 없음을 알았다. 그래서 그는 직접 몸으로 보여주는, 사람을 변화시키는 이야기 방식을 시작했다. 일종의 우회 전략을 쓴 셈이다. 비유를 통한 가르침, 사람들을 자극하는 치유 사건, 모두를 불편하게 만든 식사, 예언자와도 같은 꾸짖음 등, 이 모든 일은 사람들이 당연시하던 기존의 '인간' 범주를 허물고 이 땅에 침입해 들어오는 하느님 나라라는 빛 아래 이를 새롭게 재구성하는 것이었다. 아마도 그중 가장 유명한 우회 전략은 선한 사마리아인의 비유일 것이다.

> 어떤 율법교사가 일어나서, 예수를 시험하여 말하였다. "선생님, 내가 무엇을 해야 영생을 얻겠습니까?" 예수께서 그에게 말씀하셨다. "율법에 무엇이라고 기록하였으며, 너는 그것을 어떻게 읽고 있느냐?" 그가 대답하였다. "'네 마음을 다하고 네 목숨을 다하고 네 힘을 다하고 네 뜻을 다하여, 주 너의 하느님을 사랑하여라' 하였고, 또 '네 이웃을 네 몸같이 사랑하여라' 하였습니다." 예수께서 그에게 말씀하셨다. "네 대답이 옳다. 그대로 행하여라. 그리하면 살 것이다." 그런데 그 율법교사는 자기를 옳게 보이고 싶어서 예수께 말하였다. "그러면, 내 이웃이 누구입니까?" 예수께서 대답하셨다. "어떤 사람이 예루살렘에서 여리고로 내려가다가 강도들을 만났다. 강도들이 그 옷을 벗기고 때려서, 거의 죽게 된 채로 내버려두고 갔다. 마침 어떤 제사장이 그 길로 내려가다가 그 사람을 보고 피

하여 지나갔다. 이와 같이, 레위 사람도 그곳에 이르러 그 사람을 보고, 피하여 지나갔다. 그러나 어떤 사마리아 사람은 길을 가다가, 그 사람이 있는 곳에 이르러, 그를 보고 측은한 마음이 들어서, 가까이 가서, 그 상처에 올리브기름과 포도주를 붓고 싸맨 다음에, 자기 짐승에 태워서, 여관으로 데리고 가서 돌보아주었다. 다음 날, 그는 두 데나리온을 꺼내어서, 여관 주인에게 주고, 말하기를 '이 사람을 돌보아주십시오. 비용이 더 들면, 내가 돌아오는 길에 갚겠습니다' 하였다. 너는 이 세 사람 가운데서 누가 강도 만난 사람에게 이웃이 되어 주었다고 생각하느냐?" 그가 대답하였다. "자비를 베푼 사람입니다." 예수께서 그에게 말씀하셨다. "가서, 너도 이와 같이 하여라." (루가 10:25~37)

이 비유는 루가복음서에만 나오며 루가복음서 특유의 주제들을 많이 담고 있다. 오랫동안 많은 사람은 비유 속 예수의 마지막 말("가서, 너도 이와 같이 하라")을 사마리아인처럼 선한 사람이 되라는 뜻으로(그리고 제 갈 길을 간 사람들처럼 되지 말라는 뜻으로) 이해했다. 물론, 어떤 사회든 그런 사람은 많을수록 좋다. 하지만 이 비유의 핵심은 거기에 있지 않다. 핵심은 비유를 끌어내는 계기가 된 율법교사의 질문과 비유가 끝난 뒤 예수가 율법교사에게 던진 질문에 있다. 예수는 결국 율법교사가 본인이 던진 질문에 스스로 답하게 만든다. 율법교사가 던진 질문("내 이웃이 누구입니까?")은 종종 사람들이 생각하듯 그냥 궁색하게 되받아친 말이 아니다. 1세기 유대인들은 율법이 요구하는 일을 하기 위해서는 그 계명을 실제로 어떻게 지킬지를 분명히 알아야 한다고 보았다. 율법이 네 이웃을 사랑하라고 명령하면 누가 '이웃'에 해당하는지를 알아야 했다. '이웃'이 누구인지를 규정해야 누구를 사랑해야 하는지 정확히 알 수 있었다. "좋습니다. 이웃을 사랑하라 하셨으니 사랑하겠습니다. 그렇다면 누가 이웃입니까?" 율법교사는 예수에게 그 대상을 구체적으로 알려 달라고 요청한 것이다.

다른 많은 비유와 마찬가지로 여기서도 예수는 듣는 이들의 기대를 특정 방향으로 이끌다가 뒤집거나 복잡하게 만든다. 비유를 다시 정리해 보자. '이웃'은 강도에게 폭행을 당한 사람이고, 제사장과 레위 사람은 그 이웃을 사랑하지 않은 사람이며, 사마리아 사람은 이웃 사랑을 실천하는 본보기다. 1세기 당시 유대인과 사마리아인의 사이가 극도로 나빴다는 점을 고려하면 이렇게만 해도 유대인들이 충분히 충격을 받을만한 설정이었을 것이다.[2] 그러나 예수가 던진 정교한 질문은 상황을 예상치 못한

---

[2] 1세기 당시, 유대인과 사마리아인 사이의 관계는 매우 나빴다. 유대와 갈릴래아 지역의 유대인들은 사마리아인들을 "반쪽 유대인"으로 여겼는데, 이는 상호 호감을 높이기보다는 오히려 증오를 키우는 결과를 낳았다. 바빌론 포로기 이후 유대인들이 성전을 재건하기 시작하자, 사마리아인들은 자신들만의 성전을 짓기로 했다. 이 성전은 기원전 332년에 건립되었고 약 200년 뒤에 파괴되었으나, 예수 시대까지도 그 기억은 또렷이 살아 있었다. 이 성전은 기원후 135년 이후 재건되었지

방향으로 튼다.

> 너는 이 세 사람 가운데서 누가 강도 만난 사람에게 이웃이 되어 주었다고 생각하느냐? (루가 10:36)

예수는 율법교사에게 피해자의 이웃이 누구인지를 묻는다. 이 질문은 피해자가 그의 이웃이라는 (아마도 율법교사가 충분히 예측할 수 있었을) 결론을 끌어내는 데 방점이 있지 않다. 그보다 예수는 사마리아 사람이 피해자의 이웃이라는 사실을 받아들이게 했다. 율법교사는 답을 뻔히 알면서도 사마리아 사람이라는 말을 차마 입에 올리지 못한다. 대신 그는 이렇게 말한다.

> 자비를 베푼 사람입니다.

이 대답은 율법교사가 '이웃'이라는 개념을 이해할 때 사용하던 기준을 무너뜨리고 새롭게 세운다. 그리고 마음 깊은 곳에서 '이웃'의 범위를 최대한 넓히게 만든다. 결국 비유가 끝날 때 율

만, 결국 484년에 완전히 파괴되었다. 유대인들은 사마리아인들을 다른 종교·민족 집단으로 여겼으며 강한 적대감을 품고 있었다. 요세푸스의 기록에 따르면, 순례 절기를 지키기 위해 갈릴래아에서 예루살렘으로 향하는 유대인들은 사마리아를 지나기보다 일부러 우회해서 가는 경우가 많았다고 한다. 초기 그리스도교 및 유대교 맥락에서 사마리아 성전이 갖는 중요성에 대해서는 다음을 참조하라. Timothy Wardle, *The Jerusalem Temple and Early Christian Identity* (Tübingen: Mohr Siebeck, 2010).

법교사는 자신의 질문("누가 이웃입니까?")에 답하면서 자신이 혐오하던 사마리아 사람을 이웃의 범주에 넣어야만 했다. 그러므로 이 비유의 핵심은 단순히 "예상 밖의 인물인 사마리아인처럼 선하게 살아라"가 아니다. "사마리아 사람도 네 이웃이다. 그들에게 자비를 베풀어라"다. 이는 아담/그리스도 신학Adam/Christ theology을 비유로 풀어낸 것이라고 할 수 있다. '이웃이 아닌 사람'은 없다.

'사마리아 사람도 네 이웃이다'라는 가르침의 밑바탕에는 이제 '사마리아 사람'도 예수의 형상 안에 포함된다는 깨달음이 자리 잡고 있다. 사마리아 사람들도 '하느님의 아들'/하느님의 아들 계보에 들어있다.

이러한 인간 이해는 인간이 그리스도임을 아는 다른 이들과 함께 세상을 살아가는 하나의 태도이자 윤리, 존재 방식이다. 다시 말하지만, 교회의 인간 윤리를 처음 시작한 이는 바로 예수 자신이었다.

마태오복음서 중 예수가 마지막으로 주요 가르침들을 전하는 대목에서 몇 가지 비유를 든 뒤 아주 강력한 이야기로 마무리한다. 바로 '양과 염소'의 비유다.

> 인자가 모든 천사와 더불어 영광에 둘러싸여서 올 때에, 그는 자기의 영광의 보좌에 앉을 것이다. 그는 모든 민족을 그의 앞에 불러 모아, 목자가 양과 염소를 가르듯이 그들을 갈라서,

양은 그의 오른쪽에, 염소는 그의 왼쪽에 세울 것이다. 그 때에 왕은 자기 오른쪽에 있는 사람들에게 말하기를 "내 아버지께 복을 받은 사람들아, 와서, 창세 때로부터 너희를 위하여 준비한 이 나라를 차지하여라. 너희는, 내가 주릴 때에 내게 먹을 것을 주었고, 목마를 때에 마실 것을 주었으며, 나그네로 있을 때에 영접하였고, 헐벗을 때에 입을 것을 주었고, 병들어 있을 때에 돌보아 주었고, 감옥에 갇혀 있을 때에 찾아 주었다' 할 것이다. 그 때에 의인들은 그에게 대답하기를 '주님, 우리가 언제, 주님께서 주리신 것을 보고 잡수실 것을 드리고, 목마르신 것을 보고 마실 것을 드리고, 나그네 되신 것을 보고 영접하고, 헐벗으신 것을 보고 입을 것을 드리고, 언제 병드시거나 감옥에 갇히신 것을 보고 찾아갔습니까?" 하고 말할 것이다. 왕이 그들에게 말하기를 "내가 진정으로 너희에게 말한다. 너희가 여기 내 형제자매 가운데, 지극히 보잘것없는 사람 하나에게 한 것이 곧 내게 한 것이다" 할 것이다. 그 때에 왕은 왼쪽에 있는 사람들에게도 말할 것이다. "저주받은 자들아, 내게서 떠나서, 악마와 그 졸개들을 가두려고 준비한 영원한 불 속으로 들어가라. 너희는 내가 주릴 때에 내게 먹을 것을 주지 않았고, 목마를 때에 마실 것을 주지 않았고, 나그네로 있을 때에 영접하지 않았고, 헐벗었을 때에 입을 것을 주지 않았고, 병들어 있을 때나 감옥에 갇혀 있을 때에 찾아 주지 않았다." 그 때에 그들도 이렇게 말할 것이다. "주님, 우리가 언제 주님께서 굶주

리신 것이나, 목마르신 것이나, 나그네 되신 것이나, 헐벗으신 것이나, 병드신 것이나, 감옥에 갇히신 것을 보고도 돌보아 드리지 않았다는 것입니까?" 그 때에 왕이 그들에게 대답하기를 "내가 진정으로 너희에게 말한다. 여기 이 사람들 가운데서 지극히 보잘것없는 사람 하나에게 하지 않은 것이 곧 내게 하지 않은 것이다" 하고 말할 것이다. 그리하여, 그들은 영원한 형벌로 들어가고, 의인들은 영원한 생명으로 들어갈 것이다. (마태 25:31~46)

미래의 심판에 대한 묘사에는 분명 사람들을 충격과 불안에 빠뜨리려는 의도가 담겨 있다. 그렇게 이 비유는 지금 여기서 사람들이 어떤 행동을 하도록 촉구한다. 내용은 단순하고 분명하다. 행동으로 가난한 사람을 돌보면 양이고 돌보지 않으면 염소다. 첫 번째 길은 축복과 생명이고 두 번째 길은 심판과 죽음이다. 그러나 이 비유에서 특히 주목해야 할 부분은 이 비유에 담긴 인간 이해, 인간학이다. 이 이해가 이야기에 의미와 힘을 부여하며 그리스도인의 행동과 제자도를 명령하는 근거가 된다.

비유에서 왕은 말한다.

너희는, 내가 주릴 때에 내게 먹을 것을 주었고, 목마를 때에 마실 것을 주었으며, 나그네로 있을 때에 영접하였고, 헐벗을 때에 입을 것을 주었고, 병들어 있을 때에 돌보아 주었고, 감옥

에 갇혀 있을 때에 찾아 주었다 할 것이다. (마태 25:35~36)

이때 그는 비천한 이들을 자신과 철저하게 동일시한다. 그러자 사람들이 묻는다.

> 주님, 우리가 언제, 주님께서 주리신 것을 보고 잡수실 것을 드리고, 목마르신 것을 보고 마실 것을 드리고, 나그네 되신 것을 보고 영접하고, 헐벗으신 것을 보고 입을 것을 드리고, 언제 병드시거나 감옥에 갇히신 것을 보고 찾아갔습니까? (마태 25:37~39)

너무 익숙한 말일 수도 있지만, 찬찬히 보면 왕의 대답은 실로 놀랍다.

> 내가 진정으로 너희에게 말한다. 너희가 여기 내 형제자매 가운데, 지극히 보잘것없는 사람 하나에게 한 것이 곧 내게 한 것이다. (마태 25:40)

현대 민주주의 사회를 살아가는 시민들에게는 고대에 왕이 지니고 누렸던 권력과 영광을 상상하기가 쉽지 않다. 그러나 고대 사람들에게 '왕이 비천하다'는 말은 '물을 마시면 목이 마르다', '달팽이는 빠르다', '달려드는 사자는 무해하다', '네로는 좋은 사람이다', '도미티아누스Domitian는 온순하다'는 이야기만큼이나 이치에 맞지 않는 말이었다. 당시 상황에서 저 이야기는 모순 중의 모순이었다. 비유는 바로 극단적인 모순 위에서, 그 모순이 전제하고 동시에 빚어내는 인간상을 깔고 전개된다.

이 비유에서 언급한 주린 사람, 목마른 사람, 나그네, 헐벗은 사람, 병든 사람, 감옥에 갇힌 사람은 단순히 어떤 부류를 대표하는 상징이 아니다. 비유는 훨씬 더 구체적인 인간 이해를 요구한다. 가난하고 궁핍하며 감옥에 갇힌 이들은 겉으로 보이는 초라한 모습 너머 무언가를 드러내는 존재다. 비유에서 왕은 이들이 자신과 너무나 가까운 친족 관계여서 이들을 만나는 것은 곧 자신을 만나는 것과 같다고 말한다. 즉, 이들은 왕의 형상을 지니고 있다. 비천한 이들을 만났을 때 우리는 왕의 형상을 보며, 그들을 왕을 대하듯 대해야 한다. 비천한 자들은 왕과 같은 존재들이다. 달리 말해, 그들은 왕이신 예수의 형상이다.

시간이 흐르면서 그리스도인들은 왕이신 예수와 비천한 이들을 분명하게 연결하기 시작했다. 왕부터 비천한 자들에 이르기까지 모든 인간은 그리스도의 형상 안에 있다. 베드로는 로마 백부장 고르넬리오(고넬료)와 같은 존재다. 노예 오네시모는 그의 주인 빌레몬과 같은 존재다. 빌레몬은 로마 총독 세르기오 바울로(서기오 바울)와 같은 존재다. 신분이 높든 낮든 모든 인간은 그리스도 안에서 자신의 인간성이 세워졌고 지금도 그러하기에, 바로 그 인간성 안에서 하나로 엮여있다.

초기 그리스도교 문헌을 읽는 이라면, 인간 이해에 대한 이 기념비적인 전환이 그리스도교 관점과 전망에 어긋나는 모든 구별과 차별을 단번에 없애지는 않았음을 알 것이다. 우리가 알고 있는 최초의 교회 분쟁도 민족과 문화의 경계 때문에 일어났다. 아람어를 쓰던 그리스도인들(히브리파)이 그리스어를 사용하는 그리스도인(헬라파) 과부들을 돌보지 않았던 것이다. 물론 교회 지도자들은 이 실질적인 문제를 해결했다. 그러나 이면에는 더 깊은 문제가 있었다. 바로 '나'와 민족과 문화가 다른 그 과부를 그리스도 안에서 내가 알고 있는 바로 그 '인간'으로 볼 수 있느냐는 문제였다. 사마리아 사람은 갈릴래아 사람이나 유대 사람과 똑같다. 그리스 사람도 유대인과 똑같다. 후투족도 투치족과 똑같은 인간이다. 흑인도 백인과 똑같은 인간이다. 다음 장 '제도들'에서는 이러한 윤리와 태도가 교회 안에서, 그리고 교회를 넘어 사회에서 어떻게 구체적으로 살아 숨 쉬었는지를 보여주는 몇 가지 중요한 사례를 살펴볼 것이다. 여기서 핵심은 '이웃 사랑'이라고 불리는 교회의 모든 활동 아래에는 처음부터 끝까지 그리스도 중심의 인간 이해가 놓여 있다는 점이다. 예수에 비추어, 예수가 이 땅에 왔다는 사실에 비추어 인류는 '하나'로 다시 이해된다. 만물을 아우르는 이야기의 관점에서 볼 때 예수의 부활은 세상에 '새로운 창조'를 낳았다. 그 창조가 드러났고, 또 생동한다.

인간의 죄와 변화

인간에 대한 이 새로운 이해를 공상으로, 아니면 순진한 낙관주의자가 품은 과도한 희망으로 여기기란 너무나 쉬운 일이다. 사실 인간은 그렇지 않다고 생각하면서도 마치 그런 것처럼, 혹은 그러하기를 꿈꾸고 바라고 꾸며낼 수 있다. 그러나 초기 그리스도인들은 진실로 그렇게 생각했다.

그들은 '만물을 아우르는 이야기'에서 그리스도의 형상인 인간이 아직 완전히 구속되지 않은 세상에서 살고 있으며, 자신들 역시 그러한 현실에 깊이 관여하고 있음을 알았다. 그때나 지금이나 우리 눈에 분명하게 보이는 건 '아직'이라는 현실이다. 다른 사람을 그리스도로 보아야 한다는 이야기는 마치 북극성과 같다. 그 이야기는 참된 인간성의 방향을 제시한다. 하지만 우리는 언제나 그러한 전망과 관점을 배반할 수 있다. 달리 말하면, 우리는 여전히 죄를 짓는다. 죄의 힘은 우리를 뒤틀어 놓는다. 우리는 이를 경험한다. 참회와 용서, 변화가 인간됨의 핵심인 이유는 바로 이 때문이다. 인간은 돌이켜야 하고, 용서받아야 하며, 변화해야 하는 존재다.

바울이 인간을 아담/그리스도의 형상이라고 말했을 때, 그는 우리가 살아온 존재로서의 아담의 권세와 영향력이 얼마나 강력한지 알고 있었다. 이를테면 그가 고린토 교회에 보낸 편지는 '옛 아담'의 흔적이 초기 그리스도인들의 삶에 얼마나 공고하게 남아 있는지를 보여주는 쓰라린 증거다. 고린토 교회 신자들은 싸우고, 나뉘고, 부도덕하게 행동하고, 다시 이교 축제에 참여하고, 주님의 만찬에서 가난한 자들을 업신여기고, 바울을 연약하다고 비난하며, 자기 자랑에 빠진다(그 밖에도 많이 있다).

루가 역시 '하느님의 아들'이 광야에서 보여주신 순종이 인간됨의 기준을 새롭게 설정했다고 보았다. 동시에 그는 교회의 역사를 죄 가운데서 자유롭게 되도록, 부름받은 모습이 되기 위해 끊임없이 분투하는 복잡한 여정으로 그렸다. 아나니아와 삽피라(삽비라)의 속임수, 교회 내 이방인의 위치를 두고 예루살렘에서 일어난 갈등, 바울과 바르나바(바나바)의 심한 다툼과 결별과 같은 사건들을 접하면 '처음 길을 잘못 든 아담'과 '하느님의 아들'이 곧바로, 완벽하게 같은 모습이 될 거라 상상이 되지 않는다.

실제로 교회에서 세리와 바리사이인의 비유를 읽을 때마다 옛 아담의 흔적은 여실히 드러났다. 그렇게 함으로써 그리스도인들은 현실 속 인간을, 거룩하신 하느님 앞에 멀찍이 서서 부르짖는 인간을 정직하게 성찰했다.

아, 하느님, 이 죄인에게 자비를 베풀어 주십시오. (루가 18:13)

또한 예수가 용서에 관해 한 말씀을 읽고 되새기며 옛 아담의 지울 수 없는 흔적을 동행하는 이들("형제")에게서 분명히 보았다.

믿음의 형제가 죄를 짓거든 꾸짖고, 회개하거든 용서하여 주어

라. 그가 네게 하루에 일곱 번 죄를 짓고, 일곱 번 네게 돌아와서 "회개하오" 하면, 너는 용서해 주어야 한다. (루가 17:3~4)

마태오복음서는 이를 더 분명하게 보여준다.

> 그 때에 베드로가 예수께 다가와서 말하였다. "주님, 내 형제가 나에게 자꾸 죄를 지으면, 내가 몇 번이나 용서하여 주어야 합니까? 일곱 번까지 하여야 합니까?" 예수께서 대답하셨다. "일곱 번만이 아니라, 일흔 번을 일곱 번이라도 하여야 한다."
> (마태 18:21~22)

새로운 시대가 옛 시대를 완전히 대체했다고 믿는 고대 및 현대의 이단과는 달리 신약성서는 언제나 '아담임과 동시에 아담이 아닌' 인간을 보여준다. 우리가 오직 새 아담이며 옛 아담의 면모를 결코 드러내지 않는다고 암시하는 부분은 전혀 없다. 오히려 신약성서는 변화의 능력과 변화되어 가는 백성이 실천해야 할 삶, 즉 참회와 용서를 말한다. 죄를 정직하게 인정하지 않는다면, 그리스도인은 몽상가에 불과하다. 그 죄를 용서받지 못한다면, 우리는 길을 잃고 용서만이 풀어줄 수 있는 죄책감과 수치심에 갇히게 된다. 우리는 아담이면서 아담을 향해 가는 길 위에 있다. 우리는 새로운 피조물이지만, 여전히 비틀거리고 넘어진다. 우리는 실패하고, 또 실패한다. 그러나 우리는 우리가 본래 닮도록 지음받은 새로운 형상으로 변해가고 있다.

바울은 골로사이(골로새)에 있는 신자들에게 서로 거짓말하지 말라고 권면하면서 그 이유를 분명하게 말한다.

> 서로 거짓말을 하지 마십시오. 여러분은 옛사람을 그 행실과 함께 벗어버리고, 새 사람을 입으십시오. 이 새 사람은 자기를 창조하신 분의 형상을 따라 끊임없이 새로워져서, 참 지식에 이르게 됩니다. (골로 3:9~10)

아직 갈 길이 멀어 보이는 고린토 교회 신자들조차 우리가 주님의 형상으로 변화되고 있음을 보여주는 살아 있는 증거가 되어가고 있다.

> 우리는 모두 너울을 벗어버리고, 주님의 영광을 바라봅니다. 이렇게 해서, 우리는 주님과 같은 모습으로 변화하여, 점점 더 큰 영광에 이르게 됩니다. 이것은 영이신 주님께서 하시는 일입니다. (2고린 3:18)

바울은 로마 교회에도 "이 세대의 풍조"(옛 방식)에 순응하지 말고 "마음을 새롭게 함으로 변화를 받"으라고 권고한다(로마 12:2). 이 변화는 한 번에 이루어지지 않는다. 이 변화는 하나의 과정이다. 그 과정, 그리고 과정이 맺는 결실에 대해 바울은 말한다.

> 사랑에는 거짓이 없어야 합니다. 악한 것을 미워하고, 선한 것을 굳게 잡으십시오. 형제의 사랑으로 서로 다정하게 대하며, 존경하기를 서로 먼저 하십시오. 열심을 내어서 부지런히 일하며, 성령으로 뜨거워진 마음을 가지고 주님을 섬기십시오. 소망을 품고 즐거워하며, 환난을 당할 때에 참으며, 기도를 꾸준히 하십시오. 성도들이 쓸 것을 공급하고, 손님 대접하기를 힘쓰십시오. (로마 12:9~13)

찰스 테일러가 주장했듯 초월적인 선에 비추어 우리네 삶의 궤적이 근본적으로 새롭게 바뀔 수 있다는 믿음이 사라진 것이 오늘날 시대의 특징이라면 오늘날의 인간관, 인생관은 초기 그리스도인들의 인간관, 인생관과 정면에서 충돌한다고 할 수 있다. 물론 그들도 결혼, 자녀, 우정 같은 이 땅의 선한 것들을 알고 소중히 했다. 하지만 인간에 대한 그들의 관점은 다른 무엇보다 '변화'에 무게를 두고 있었다. 하느님의 형상으로 지음 받았으나 타락한 인간을, 그리고 그 인간을 둘러싼 죄라는 현실을 다루기 위해, 동시에 인간이 본래 창조되고 구속받은 존재로서 참된 자기가 되기 위해 인간은 그 형상으로 변화되어야 한다. 그러한 맥락에서 인간이 하느님의 형상으로 드러난다는 것은 곧 그리스도의 형상으로 새롭게 빚어진다는 뜻이다.[3]

---

[3] 이 '새롭게 빚어짐'은 비록 모든 피조물이 여전히 신음하고 있을지라도, 그것이 궁극적으로 하느님과 화해하게 될 것이라는 인식을 전제로 한

죽음과 생명 - 우리의 미래는 무엇인가?

예수 그리스도를 인간으로, 인간을 예수 그리스도로 이해하면, 우리 삶에 생명을 불어넣는 다양한 실천이 생긴다. 하지만 죽음이 삶의 마지막 말이라면, 죽음의 힘 앞에서 그 모든 실천은 무의미해질 것이다. 죽음이 궁극적으로 이긴다면 만물을 아우르는 이야기는 아무것도 아닌 이야기가 된다. 그리고 예수와 초기 그리스도인들이 세상에 가져온 인간에 대한 이해는 그저 낭만적인 허상에 불과할 것이다. 우리는 그저 두려워할 필요가 없다고 스스로 달래는 감상적인 이야기나 하면서 결국 존재의 보잘것없음과 멸망, 무 앞에서 아무런 힘도 발휘하지 못하는 훈계만 반복하게 될 것이다. 우리는 살고 싶어 하지만, 그 바람조차 결국에는 꺼져버릴 것이고 심지어는 조롱받을 것이다. 죽음을 피할 수 없음을 아는 지구상 유일한 종이 인간인데, 진실로 죽음이 마지막 말이라면 '죽고 싶지 않은 마음'이야말로 인간이 가진 비극적인 결함이 될 것이다. 죽음은 우리의 인간성에 관한 가장 틀림없는, 반박 불가능한 논평이다. 우리는 모두 죽는다. 문제는 죽음이 과연 우리에 대한 마지막 말, 가장 강력한 말이냐는 것이

다(로마인들에게 보낸 편지 8장, 골로사이인들에게 보낸 편지 1장 참조). 이러한 인식은 하느님의 화해 활동을 반영하며 모든 피조물을 돌보아야 할 기회이자 책임을 수반한다. 다시 말해, 성서의 관점에서는 오직 인간만 하느님의 형상이지만, 하느님의 형상을 따라 산다는 것은 다른 피조물과의 분리를 정당화하지 않는다. 우리가 세상을 마음대로 지배할 수 있다는 식의 태도가 아니라, 하느님께서 창조하신 피조 세계를 돌보아야 한다는 요구로 이어진다.

다. 초기 그리스도인들은 이 문제에 대해 매우 분명한 태도를 보였다. 그들은 현대인들이 그러하듯 죽음을 에둘러 말하거나 아예 입에 올리지 않으려 하지 않았다. 그런 식으로 문제를 회피하려 하지 않았다. 신약성서의 중심에는 죽음이, 나자렛 예수의 죽음이 있다. 언젠가 마르틴 켈러Martin Kähler가 말했듯 네 복음서는 사실상 긴 서론을 지닌 수난 이야기나 다름이 없다.[4] 초기 그리스도인들은 메시아께서 십자가 처형을 피하지 않으셨듯 우리 역시 부패와 죽음을 피할 수 없다고 보았다. 그리스도의 이야기가 탄생에서 죽음을 향해 달려갔듯 우리 이야기도 그렇다고 생각했다. 바울이 말했듯 우리는 아담이고 "모든 사람은 죽는"(1고린 15:22)다.

그러나 '만물을 아우르는 이야기'가 그리스도인들에게 그리스도의 빛 아래서 인간을 생각하도록 가르치기 때문에, 그의 이야기가 곧 우리의 이야기이기 때문에 그리스도인들은 죽음을 마지막 말이 아니라 그 앞의 말, 마지막 직전의 말로 받아들인다. 죽음은 현실이고, 고통스럽고 슬픔으로 가득하다. 그럼에도 불구하고 최종의 말은 아니다. 예수의 길이 우리의 길이다. 삶, 죽음, 그리고 부활이다. 즉, 그의 미래가 우리의 미래이며, 우리가 인간으로서 그와 연결되어 있다는 사실이 우리의 희망이다. 그

---

[4] Martin Kähler, *The So-Called Historical Jesus and the Historic, Biblical Christ* (Philadelphia: Fortress Press, 1964), 80n 11. 『역사학의 예수와 성서의 역사적 그리스도』(수와진).

안에서, 그를 통해 우리는 죽음을 넘어선 우리의 미래를 본다. 그러므로 우리는 죽음이라는 현실을 직시하면서도 모든 것을 부활에 맡긴다. 그것이 우리의 희망이다. 바울은 말한다.

> 형제자매 여러분, 우리는 잠자고 있는 사람들에 대해서 여러분이 모르기를 바라지 않습니다. 희망을 갖지 못한 다른 사람들처럼 여러분이 슬픔을 당하지 않도록 말입니다. (1데살 4:13)

그는 죽음 앞에서 진실로 슬퍼하되, 희망 없는 사람들처럼 슬퍼해서는 안 된다고 말한다. 이와 관련해 베드로의 첫째 편지는 좀 더 분명하게 말한다.

> 우리 주 예수 그리스도의 하느님 아버지께 찬양을 드립시다. 하나님께서는 그 크신 자비로 우리를 새로 태어나게 하셨습니다. 그리하여 그는, 죽은 사람들 가운데서 예수 그리스도가 부활하심으로 말미암아 우리로 하여금 살아 있는 희망을 갖게 해 주셨습니다. (1베드 1:3)

예수의 부활이라는 빛에 비추어 인간성의 의미를 곱씹음으로써 초기 그리스도인들은 인간의 죽음 너머에는 승리가, 즉 생명이 있음을 깨닫게 되었다. 최초의 아담의 그림자가 마지막 순간까지 모든 인간 위에 드리울지라도, 마지막 아담은 "그리스도 안에서 모든 사람이 살아나게 될 것"(1고린 15:22)이라는 진리를 확고히 했다.

바울은 로마에 있는 신자들에게 세례의 의미를 설명하면서 이렇게 말했다.

> 우리가 그의 죽으심과 같은 죽음을 죽어서 그와 연합하는 사람이 되었으면, 우리는 부활에 있어서도 또한 그와 연합하는 사람이 될 것입니다. (로마 6:5)

요한복음서를 과감하게 한마디로 요약하면, 죽음을 마주한 자리에서 예수 그리스도께서 주시는 영원한 생명과 삶을 신뢰하라는 것이다. 여기서 베드로는 읽는 이들을 대신해 고백한다.

> 주님, 우리가 누구에게로 가겠습니까? 선생님께는 영생의 말씀이 있습니다. (요한 6:68, 요한 3:15~16, 3:36, 4:14, 36 참조)

요한의 첫째 편지는 이를 좀 더 분명하게 말한다.

> 하느님의 아들이 오셔서, 그 참되신 분을 알 수 있도록, 우리에게 이해력을 주신 것을 우리는 압니다. 우리는 그 참되신 분 곧 하느님의 아들 예수 그리스도 안에 있습니다. 이분이 참 하느님이시요, 영원한 생명이십니다. (1요한 5:20)

예수 그리스도를 신뢰하는 이들은 "영원한 생명"이라는 "약속"을 받는다(1요한 2:25).

초기 그리스도교 전체는 영원한 생명에 대한 희망으로 고동쳤다. 이 희망이 있었기에 그들은 박해와 순교를 기꺼이 감내했고, 치명적인 병에 걸릴 위험이 있음에도 병들고 죽어가는 이들을 돌보았으며 병원을 세우고, 재산을 내놓고, 로마 권력자들 앞에서도 담대하게 말할 수 있었고, 셀 수 없이 많은 일을 할 수 있었다. 현대 심리학자들은 바울이나 안티오키아의 이그나티우스, 폴리카르푸스, 순교자들을 연구하며 그들의 행동을 이타주의나 사회 비용/편익 이론과 같은 틀로 설명하려 한다. 그러나 이러한 설명은 당시 본문이 자명하게 제시하는 행동의 동기를 무시한 채 오직 이 세상 안에서만 이해 가능한 것을 받아들이는 현대의 관점을 억지로 들이대는 것에 불과하다. 문헌에 따르면 초기 그리스도인들은 죽음을 인간 삶의 가장 밑바닥, 고통스럽지만 너무나 분명한 시간 속 삶의 끝으로 이해했다. 하지만 동시에 그들은 그 죽음을 지나 영원한 생명으로 다시 살아날 것을 믿었다. 그들이 하는 일은 평균적인 사람이 일상에서 하는 일과는 거리가 멀었지만, 결코 이해할 수 없는 일이 아니었다. 초기 그리스도인들은 부활이라는 희망을 따라 행동했다.

신약성서 본문들은 생명을 창조하는 마지막 아담의 부활로 인해 이 희망이 인간이라는 하느님의 형상에 새겨졌다고 말한다.

> 성경에 "첫 사람 아담은 산 영이 되었다"고 기록한 바와 같이, 마지막 아담은 생명을 주시는 영이 되셨습니다. (1고린 15:45)

그러므로 하느님의 형상이 된다는 것은 (옛 아담과 새롭게 빚어진 아담 모두를 포함해) 하느님의 미래를 자신의 미래로 갖게 된다는 뜻이다. 이는 인간이 변화된다는 주장의 확장이자 완성이자 궁극의 목적이다.

> 썩을 이 몸이 썩지 않을 것을 입고, 죽을 이 몸이 죽지 않을 것을 입을 그 때에, 이렇게 기록한 성경 말씀이 이루어질 것입니다. "죽음을 삼키고서, 승리를 얻었다." (1고린 15:54)

그러므로 그리스도인이 되는 법을 익힌다는 것은 현재 한가운데서 우리가 맞이할 미래를 익혀간다는 뜻이다. 하느님의 형상으로 지어진 우리는 참된 형상인 그리스도를 닮아가는 가운데 죽음의 세상 속에서 하느님의 생명을 증언한다. 당장은 우리를 패배시키는 것처럼 보이는 현실 가운데서 마침내 오게 될 승리를 노래한다. 죄를 뚫고 들어오는 은총을 고백하며 끊임없이 생명을 앗아가는 세상, 그 세상에 하느님께서 주시는 궁극의 생명이라는 선물을 드러낸다.

결론

그리스도교가 바라본 '인간'의 모습은 혁명적이었다. 이 관점은 완전히 새로웠으며 놀라운 방식으로 터져 나와 지중해 문화로 들어갔다. 고대 유대교에 이를 암시하는 요소들이 몇 가지 있기는 했지만, 이를 제외하면 로마 세계에는 그리스도교의 인간관과 유사한 생각은 존재하지 않았다. 물론 형이상학으로 들어가면 영혼이란 무엇인지, 몸이란 무엇인지, 둘이 다르다면 서로 어떻게 연결되는지를 두고 다양한 철학 전통과 흥미로운 접점이 있다. 그러나 세상에 실제로 드러나는 존재, 우리가 다양한 방식으로 반복해서 마주하는 살아있는 사람들을 그리스도교처럼 모두 '인간'으로 보는 사상은 없었다. 우리가 우리 자신을 보는 방식, 다른 사람을 보는 방식, 실제 삶 속에서 살아 숨 쉬는 사람들을 바라보는 방식 모두를 인간 현상으로 바라보게 된 건 그리스도교와 함께 나타난 새롭고 놀라운 일이었다. 초기 그리스도인들은 예수 그리스도께서 인간이 무엇이며 어디를 향해 가는지를 계시하셨다고 주장했다. 그리고 그때 발생한 인간에 대한 관점은 지금까지 사라진 적이 없다.

다음 장에서는 초기 그리스도인들이 '인간'을, 이 인간 이해를 세상에서 어떻게 구현했는지를 살펴볼 것이다. 그들에게 인간은 그리스도 안에서, 그리스도를 통해 이루신 하느님의 활동을 증언하는 존재였다. 이러한 인간에 대한 관점이 이 땅에서 생동하게 하기 위해서는 사회, 정치 차원에서의 해석이 필요했다.

실제 삶에서 살아 움직이지 않았다면 이러한 이해와 전망은 결코 오래 이어지지도, 힘을 얻지도, 성장하지도 못했을 것이다.

이 시점에서 유념해야 할 부분이 있다. 많은 사람이 의식하지 못하지만, '하느님의 형상을 닮은 형상'으로서의 인간 이해는 서구 역사를 관통해 윤리 전반을 형성한 토대가 되었다는 점이다. 이러한 인간관은 병원, 고아원, 다양한 자선 단체 같은 곳에, 그곳에서 하는 일 속에 스며들어 있다. 또한 현대 생활의 다양한 영역에서 우리가 당연시하는 수많은 가치와 관행의 배경으로 자리하고 있다.

이를테면 오늘날 사회에서는 가족이 아니더라도 체계적으로 병든 사람을 돌본다. 혈연이나 혼인으로 연결되지 않아도 '인간은 돌봄을 필요로 하는 존재'라고 가정하기 때문이다. 우리는 어떻게 해야 다양한 위험으로부터 서로를, 심지어 전혀 모르는 낯선 사람들까지 보호할 수 있는지를 두고 치열하게 논쟁한다. 인간이 혈통이나 소속과 상관없이 도덕적 판단과 보호의 대상이라고 전제하기 때문이다. 우리는 부모를 잃은 아이들에게 연민을 느끼고 그들을 돌본다. 고아가 특별한 돌봄이 필요한 인간이라고 전제하기 때문이다. 우리는 누군가 자신이 믿을 수 없거나 믿지 않으려는 것을 그의 양심을 거슬러 억지로 믿게 해서는 안 된다고 말한다. 모든 인간에게는 하느님께서 주신, 혹은 누구도 침해할 수 없는 양심이 있다고 가정하기 때문이다. 우리는 민족, 외모, 역사 등을 들어 이루어지는 집단 학살이나 인종차별,

그 밖의 행위를 심각한 악행으로 여기고 비난한다. 인간은 근본적으로 하나로 연결되어 있으며, 그런 방식으로 구분하고 갈라쳐서 파괴의 대상으로 삼을 수 있는 존재가 아니라고 믿기 때문이다.

우리는 가난한 이들이나 집 없는 사람들이 도움과 자비를 받아야 한다고, 어떻게든 그들의 문제에 응답해야 한다고 생각한다. 그들도 우리와 같은 '인간'이며, 인류라는 한 가족의 다른 구성원들이 그들을 도와야 한다고 가정하기 때문이다. 우리는 공적 영역에서 거짓이 드러나면 분노한다. 인간이 진리에 속한 존재이며, 고의로 속이거나 거짓을 저질러도 괜찮은 존재가 아니라고 생각하기 때문이다.

우리가 이런 전제, 가정, 생각을 당연시하는 이유는 이들이 자명한 진리여서가 아니다. 누구나 쉽게 확인할 수 있는 사실이어서도 아니다. 실제 인류의 역사는 인간이 존엄하며 그러한 믿음에 바탕을 두고 살아야 한다는 생각에 대한 거대한, 오랜 시간에 걸친 부정의 역사라 해도 과언은 아니다. 하느님의 형상은 이따금 여기저기서 반짝였지만, 역사 전체를 놓고 보면 인류는 그 모습과 규모를 막론하고 인간이라는 존재의 존엄과 생명을 놀라울 만큼 무모하고 잔혹하게 다뤄왔다. 오늘날 우리의 희망과 실천이 성립하는 이유는 수세기에 걸친 그리스도교 사상과 실천이 형성한 인간 이해를 우리가 전제하고 있기 때문이다. 우리가 이를 자명한 진리라고 여기는 이유는 인간이 어떤 존재인지, 그 인간을 어떻게 대해야 하는지에 대한 생각이 우리 안에 깊이 깔려 있기 때문이다. 인간에 대한 이해가 바뀌면 그에 수반되는 의무와 규범도 함께 달라질 수밖에 없다.

우리는 교회의 위선을 통탄해하며 교회가 품고 돌보아야 할 사람들에게 저지른 죄악을 탄식한다. 그러나 이를 '위선'이라고 부를 수 있는 이유는 우리에게 이미 교회가 인간을 어떻게 이해해야 하는지, 또 그를 어떻게 대해야 하는지 일정한 기준이 있기 때문이다. 우리는 이 기준에 비추어 교회의 행동을 평가한다. 이런 기준이 없다면 교회의 위선은 더는 위선이라 할 수 없으며, 교회의 행동 방식이 원래 그러하다고 해도 할 말이 없다. 교회와 그리스도인이 가진 사명과 기준이 높기 때문에 그 위선은 더 심각하게 느껴진다. 그리스도 안에서 인간이 어떤 존재인지를 생각해 보면, 교회, 혹은 그리스도인이 누군가를 멸시하거나 해치는 일은 단순한 잘못이 아니라 그리스도교가 제시한 진리를 정면으로 배반하는, 더 심각한 위선이다.

오늘날 그리스도교에 입각한 인간 이해는 역사에 등장한 이래 단 한 번도 없었던 위기를 맞고 있다. 물론 오랜 역사 동안 다양한 철학 전통과 영아살해처럼 노골적으로 인간의 가치를 짓밟는 관습들이 그리스도교의 인간 이해를 공격하곤 했다. 그러나 오늘날에는 그보다 더 은밀하고, 사람들을 매혹하며 그래서 더 위험한 공격이 이루어지고 있다. 바로 '도덕을 앞세운 공격'이다. '도덕을 앞세운 공격'이란 그리스도교의 인간 이해에서 비롯된 기본적인 도덕 원칙을 이를 가능하게 했던 그리스도교 없이도 유지할 수 있다고 믿는 현대의 경향을 가리킨다. 이 흐름에 몸담은 이들은 이제 윤리에 대해 배울 만큼 배웠으니 그 윤리의 알맹이를 감싸고 있는 종교라는 껍질은 버려도 된다고 말한다. 도덕은 남기고 그리스도교는 버리자는 것이다.

이러한 제안이나 공격이 매혹적인 이유는 우리가 잃기 싫어하는 가치들(버리면 우리가 위험해질 수 있는 가치들)을 계속 붙잡을 수 있고, 동시에 우리 자신을 '선하고 친절한 사람'으로 보이게 만들기 때문이다. 우리는 거울을 보며 스스로 덕이 있다고 느끼고, 그로 인해 미소 지을 수 있다. 우리는 그리스도교로부터 물려받은 도덕 문화만큼, 아니 그보다 더 풍성한 도덕 문화를 만들어 낼 수 있다고 확신한다. 이런 자기 위안은 그리스도교 없이도 그 문화가 지속 가능하냐는 근본적이고도 심각한 문제를 감춘다. 그리스도교에서 나온 선한 가치들은 설령 그 뿌리가 사라지더라도 없어지지 않을 것이라고 스스로 말하며 그리스도교에 대한 무신경하고 안일한 태도를 정당화한다.

대다수 사람은 이미 이런 시도가 있었다는 사실은 잘 모른다. 4세기 로마 황제 율리아누스Julian는 그리스도교 신앙을 버렸고 이후에는 이를 혐오했지만, 그리스도교 공동체가 보여준 자선 활동만큼은 높이 평가했다. 이교 대제사장에게 보낸 (널리 알려진) 편지에서, "갈릴래아 사람들(그리스도인들)"의 동기를 신뢰하지 않는다고 말하면서도 그들이 "낯선 이들에게도 친절하고, 자기

네 가난한 사람들뿐 아니라 우리의 가난한 이들까지 돌본다. 우리가 우리 백성에게 도움을 주지 못하고 있다는 사실은 누구나 알 수 있다"고 적었다.[5] 훗날 '배교자 율리아누스'Julian the Apostate라 불리게 된 그는, 그래서 한편으로는 그리스도인들을 괴롭히면서 동시에 로마의 이교도들을 독려해 자선 활동을 벌이게 했다. 하지만 그 시도는 실패로 돌아갔다. 인간은 그리스도의 형상이기에 그를 돌보는 것이 곧 그리스도를 섬기는 일이라는 감각이 없다면, 친구든 낯선 사람이든 상관없이 인간은 돌봄을 필요로 한다는 감각이 없다면, 인간의 존엄성과 가치를 제대로 이해하기 위해서는 이를 사회와 정치 속에서 구체적으로 드러내는 활동이 반드시 필요하다는 감각이 없다면 그리스도교 특유의 실천들은 결코 작동할 수 없다. 율리아누스의 이교 부흥 운동은 설 땅이 없었다. 다른 사람들을 돌보아야 한다고 선언하는 것만으로는 사람들을 움직일 수 없었다. 이교 종교 활동을 되살리는 시도는 선행을 끌어내지 못했다. 결국 이 모든 계획은 완전한 실패로 끝났다. 그리스도교 없이 그리스도교에 뿌리를 둔 삶과 인간 이해, 전망을 유지하는 건 불가능했다.

고대에 율리아누스가 깨달았던 사실은 현대에 이르러 니체와 사르트르Jean-Paul Sartre가 날카롭게 지적했던 바와 같다. 인간이 도덕을 무시하고 자기 길을 가면 도덕은 무너진다. 여기에는

---

[5] Julian, Ep. 22, Letter to Arsacius.

단 하나의 이유, 단 하나의 논거도 제시할 필요가 없다. 어떤 정당화도 필요 없다. 그냥 자신이 하고 싶은 대로 하면 된다. 도덕주의자들은 부당하다고 이야기하고 분개하며 기침하듯 목소리를 높이며, 온갖 듣기 거북한 말로 비난하고, 자신이 끌어낼 수 있는 모든 감정을 담아 해명을 요구할지도 모른다. 그러나 굳이 답할 필요는 없다. 그냥 무시하거나, 비웃거나, 조롱하거나, 손가락질하거나 기분 내키는 대로 하면 된다. 당신을 얽매는 것은 없다. 어떤 부름도 없으니 의무에 매일 필요도 없다. 도덕이란 그 자체로는 허구에 불과하며 강제력을 가지지 못한다. 하느님이 없고, 예수 그리스도가 부활하지 않았으며, 따라서 그리스도인의 감각이 빚어낸 인간이라는 개념이 존재하지 않는다면 그리스도교가 말하는 방식대로 다른 사람을 대해야 할 이유도 없다. 진실로 그러하다면 도덕을 설파하는 이들은 자신을 속이는 것에 불과하다. 혹은 도덕이 사라진 세상, '인간'이라는 관념은 그저 자신이 만들어 냈을 뿐이며 현실 속 각 인간은 자신만을 위해 살아갈 뿐인 세상, 그래서 가장 영리하고 가장 강한 자들이 언제나 승리해도 할 말이 없는 세상과 마주하지 못하는 것이다. 그러하다면 허무주의는 언제나 손쉽게 승리를 거둘 것이다.

　율리아누스로부터 배울 수 있는 가장 중요한 교훈은 이것이다. 우리가 시간과 자원을 아낌없이 들여서 하는 행동들, 그리고 인간의 탁월한 사례로 칭송하는 수많은 기본적인 실천들 뒤에 자리한 도덕에 대한 헌신은 이를 성립시키는 그리스도교 없이는 유지될 수 없다. 신학과 윤리는 결국 하나다. 물론 시간이 걸릴 수 있고 상당히 오랜 시간이 걸릴 수도 있지만, 인간에 대한 그리스도교 이해와 전망이 사라지면 그에 따른 윤리도 함께 사라진다(이미 우리는 그 현실을 목격하고 있다). 시간이 흐르며 형성되어 온 '인간'을 유지하려면, 그 인간을 세상에 불러온 바로 그것, 그리스도교를 유지해야 한다.

그러나 단순히 기억하고, 표현하고, 그 사상을 널리 전하는 일만으로 '인간'은 유지되지 않는다. 현실 세계에서 힘을 발휘하며, 사회 속에 자리를 잡아 인간에 대한 그리스도교 이해를 구현함으로써, 해석해 내고 행동해 냄으로써 세상이 이를 알고 체감해야 한다. 처음부터 예수를 인간으로, 인간을 그리스도로 이해하게 만든 이야기는 그리스도인들이 이 진리를 실제 삶에서 구현해 낼 방법을 강구하게 했다. 그리하여 그들은 로마 세계 가운데서 '인간'에 대한 진리를 생생하게 증언했으며 그 증거를 남겼다. 초기 그리스도인들은 '인간'을 지키고 드러내려면 제도가 필요하다는 사실을 알았다. 이 제도들이 그리스도교의 인간 이해와 전망을 세상에, 사회에 들여왔다.

제4장

제도들

 오늘날 '제도'institution라는 말을 들으면 우리는 거의 자동으로 생동감 있는 신앙과 그에 따르는 모든 요소(활기찬 관계, 예배, 정의를 위한 행동, 상상력 넘치는 사유)를 억누르고 꺼뜨리는 관료주의를 떠올린다. 새로운 신앙의 살아 있는 심장을 느리게 하거나 멈추고 싶은가? 이를 제도화하라. 인간의 창의성을 억압하고 싶은가? 제도를 만들면 된다. 혁신이 절대 주도권을 잡지 못하게 하고 싶은가? 모든 일을 제도 안에서 추진하게 하라. 지루하고 고된 일상을 원하는가? 제도 안에서 일하라. 이런 식이다.
 하지만 초기 그리스도인들은 이렇게 생각하지 않았다. 오히려 그들은 '인간'에 대한 계시를 세상이 보고 세상에서 살아 숨쉬게 하려면, 그 새로운 인간 이해가 녹아든, 그리고 구현하는 제도가 필요하다고 주장했다. 만물을 아우르는 이야기는 초기 그리스도인들을 제도를 창조하는 백성으로 만들었다. 그들은 제도를 만들지 없앨지 고민하지 않았다. 이 놀라운 기쁜 소식을 널리 전하고 그 복음을 이 시간, 이 땅에서 살아내려면 어떤 제도가 필요한지 묻고 고민했다. 예수의 사명을 어떻게 이어갈지에 대해 초기 그리스도인들이 가장 먼저 내놓은 대답은 '교회'church였다. 이 대답은 프랑스 성서학자 알프레드 로와지Alfred Loisy[+]를 당혹스럽게 했듯 오늘날 우리를 당혹스럽게 할 수 있다. 1902년 로와지는 이런 말을 남겼다.

> 그리스도는 하느님 나라를 선포했지만, 실제로 온 것은 교회였다.[1]

실제 의도가 무엇이든, 로와지의 말은 오늘날 교회에 대한 현대인들의 비판적 시각을 대변하는 것처럼 보인다. 즉, 교회란 기껏해야 하느님 나라의 불완전한 대체물이며 예수의 카리스마, 그가 제시한 전망과는 한참 떨어진 무언가라는 것이다. 이런 생각을 하는 사람들은 흔히 말한다. 본래 교회는 제도가 아니라 더 친밀하고, 위계 구조를 거부하며, 사랑을 자유롭게 흘려보내는 공동체였다고 말이다. 그러나 이는 사실과 거리가 멀다. 처음에

---

[1] Alfred Loisy, *L'Évangile et L'Église* (Paris: A Picard et fils, 1902), 111.

카리스마가 있었던 것은 맞다. 그러나 '제도로서 교회'의 기원은 사실 예수에게 있다. 예수는 이스라엘 열두 지파를 다시 모으고 역사 가운데 하느님의 새로운 활동을 증언하는 하느님의 백성을 새롭게 구성하는 차원에서 열두 사도를 선택했다. 부활 이후, 제자들은 이 상징의 중요성을 깨닫고 가룟 유다의 자리를 대신할 사람으로 맛디아를 선출했다. 이후 성서 어디에도 맛디아에 대한 기록이 없다는 사실은 예수를 따르는 이들이 이루는 몸, 그 전체성을 유지하는 것을 제자들이 얼마나 중시했는지 잘 보여준다. 그들에게는 개인의 삶을 자세히 기록하는 것보다, 일정한 지도 체제를 통해 공동체의 방향과 정체성을 드러내고 유지하는 일이 훨씬 더 중요했다.

오늘날 '제도화'된 그리스도교에서 벗어나고자 하는 여러 운동은 사도행전에서 영감을 얻곤 한다. 이 운동에 몸담은 이들은 제자들이 오순절에 성령을 받고, 그때부터 교회가 성령의 인도를 따라 움직이며 번성했다고 본다. 교회는 성령 안에서 살아 있었기에 사실 제도는 필요 없었다는 것이다. 그들이 보기에 공동체는 성령의 인도를 받아 자연스레 하나로 뭉쳤으며 자라났다. 당시 그리스도교는 제도화된 종교가 아니었으며, 그런 게 생겼다면 오히려 성령의 활동을 가로막았을 거라 본다. 실제로 사도행전은 성령이 그리스도인들을 인도했으며, 오순절에 예상치 못한 성령의 놀라운 현존을 제자들이 체험했다고 서술한다. 그러나 제도를 거부하는 방식, 혹은 제도를 부정하는 관점으로 이 문헌을 해석하면 초기 그리스도교 전체를 잘못 읽게 된다. 이는 역사를 보아도 별다른 설득력이 없다. 사도행전에 따르면, 초기 그리스도인들은 처음부터 교회의 구조(열두 사도)를 지니고 운동을 시작했을 뿐 아니라 질서가 없는 것은 자유가 아니라 무질서임을 배웠다. 이를테면 한 부부는 자기 재산을 속여 공동체를 기만하려 했고, 그리스어를 쓰는 과부들이 아람어를 쓰는 과부들보다 홀대받는 일도 있었다(사도 5~6장).

재산을 속이거나, 특정 과부들을 홀대하는 일은 초기 그리스도 공동체에 심각한 위협이었다. 예수가 가져온 새로운 인간 이해를 근본적으로 훼손하는 일이었기 때문이다. 관대함을 거부하고, 도움이 필요한 과부들을 외면하면서 '하느님의 형상'을 드러낼 수는 없었다. 만물을 아우르는 이야기의 관점에서 교회는 부활 이후에도 타락이 자신들 가운데 있음을 배웠다. 인간은 관대함을 익힐 수 있지만, 동시에 교활하고 이기적이며 편협해질 수도 있음을 초기 그리스도인들은 알았다. 그러한 상황에서 놀라운 복음을 전하고 살아내는 일은 매우 위태로운 과업이었다. 세상이 이를 보게 하기 위해서는, 세상에서 복음이 계속 생명력을 유지하게 하기 위해서는 깊은 성찰과 창의적인 실천이 반드시 필요했다.

본격적으로 이야기를 하기에 앞서, 이 장에서 말하는 '제도'가 무엇을 뜻하는지 짚고 넘어갈 필요가 있다. 초기 그리스도인들은 '제도' 그 자체나 조직 구조, 물려줄 유산에 관심을 두고 제도에 대해 생각한 이들이 아니었다. 이미 있는 제도를 분석하는 현대 사회학자, 기존 조직을 개선하려는 컨설턴트나 경영학의 선구자가 아니었다. 오히려 그들은 '제도'를 늘 염두에 두고 공동체의 삶 및 사명과 관련된 근본적인 문제들을 늘 깊이 있게 성찰했다. 초기 그리스도인들은 질문했다.

> 우리는 누구이며, 왜 존재하는가? 우리의 정체성을 지키고 유지하기 위해 반드시 갖추어야 할 것은 무엇인가? 이미 가지고 있는 것 중에 무엇을 지켜야 하고, 무엇을 새롭게 발전시켜야 하는가? 공동체는 어떤 습관을 길러야 하는가? 급속하게 변화하는 환경 속에서 그 습관을 자리 잡게 하려면 어떻게 해야 하는가?

한 마디로 초기 그리스도인들은 그리스도인이기 위해 반드시 있어야 하는 것, 갖추어야 하는 것이 무엇인지 물었다.[2] 그들은 이 질문에 놀라울 정도로 다양한 활동과 습관, 그리고 새로운 시도로 응답했다. 그 가운데 그리스도교가 세상에 최초로 던진 충격

---

[2] 휴 헥로Hugh Heclo는 제도적으로 사고한다는 것이 무엇인지 보여주는 좋은 사례를 제시한다. 당신의 집에 불이 났고, 단 하나의 물건만 가지고 나올 수 있다고 하자. 그때 당신이 급히 TV를 들고 나온다면, 당신은 제도적으로 사고하지 않은 것이다. 그러나 가족 앨범을 들고 나온다면, 그것은 제도적으로 사고한 것이다. 자세한 내용은 다음을 참조하라. Hugh Heclo, *On Thinking Institutionally* (New York: Oxford University Press, 2011), 85.

과 놀라움을 이해하려면 주목해야 할 세 가지 핵심 영역(구조, 교육, 돌봄)이 있다. 이 세 영역은 초기 교회 공동체 안에서 서로 떨어져 있지 않고 긴밀하게 얽혀 있었다. 이들은 모두 교회가 교회다움을 지키고 이어지는 것과 관련이 있었다. 다만 이들을 따로 살펴보면 각 영역의 고유한 특징이 선명하게 드러난다.

구조와 위계

당연하지만, 교회는 주교bishop, 장로elder, 부제(집사)deacon와 같은 직제를 완비한 채 하늘에서 뚝 떨어지지 않았다. 그렇지만 놀라울 정도로 빠르게 질서가 잡혀갔다. 예수가 열두 제자를 선택한 일은 부활 이후 이어질 지도 체제의 방향을 정해주었다. 그들은 예수의 활동에 함께했을 뿐 아니라 부활 후에도 40일 동안 가르침을 받았다. 이 기간은 모세가 토라를 받은 40일과 겹치는데, 그러한 면에서 새 언약의 시작을 알리는 신호라 할 수도 있다.

열두 제자의 '권위 있는 가르침'('디다케'διδαχή)은 교회가 익혀야 할 기준이 되었다. 그 이유는 단순하면서도 중요했다. 그들은 복음의 역사적 사건과 내용 모두에서 권위를 지니고 있었기 때문이다(특히 사도 2장과 4장 참조). 베드로와 요한은 그중에서도 두드러진 지도자였다. 열두 제자에는 속하지 않았지만 '주님의 형제' 야고보는 예루살렘 교회의 핵심 지도자가 되었다. 바울의 증언에 따르면, 부활한 예수는 야고보에게 특별히 나타났다. 아마 이 역할을 맡기기 위해서였을 것이다(1고린 15:7 참조).

예수를 만난 후 바울은 독자적으로 활동을 했다. 하지만 시간이 흐른 뒤에는 예루살렘을 찾았다.

> 십사 년이 지나서, 나는 바나바와 함께 디도를 데리고, 다시 예루살렘으로 올라갔습니다. 내가 거기에 올라간 것은 계시를 따른 것이었습니다. 나는 이방 사람들에게 전하는 복음을 그들에게 설명하고, 유명한 사람들에게는 따로 설명하였습니다. 그것은, 내가 달리고 있는 일이나 지금까지 달린 일이 헛되지 않게 하려고 한 것입니다. (갈라 2:1~2)

바울은 자신이 복음의 진리를 알고 있다는 사실을 의심하지 않았다(갈라 1장 참조). 하지만 그 진리는 주님께서 선택하신 제자들과의 연속성 안에서만 설 수 있다는 것도 잘 알고 있었다. 교회는 연약한 구성원들을 돌보아야 할 만큼 빠른 속도로 성장했다. 그 중 대표적인 이들은 과부들이었다. 그러나 일부 초기 그리스도인은 과부를 두 부류로 나누어 보았다. 하나는 팔레스타인에 더 가까운, 아람어를 쓰는 과부들이었고, 다른 하나는 그렇지 않고 그리스어를 쓰는 과부들이었다. 일부 그리스도인은 전자를, 즉 아람어를 쓰는 과부들을 더 우선시해야 한다고 여겼고, 상황이 여의치 않으면 그리스어를 쓰는 과부들은 소홀히 해도 된다고 여겼다(그들은 자신을 정당화할 나름의 이유를 갖고 있었다). 시간이

제도들 | **129**

지나면서 이러한 홀대는 공동체의 위기로 번졌다. 교회의 일치를 위협했고, 내부 다툼과 뒷말, 그 밖의 잡음이 가득했다(사도행전 6장 1절에서 누가는 이를 "불평, 혹은 투덜거림"('공귀스모스'γογγυσμός)이라는 말로 완곡하게 표현했지만, 그 안에 담긴 긴장은 충분히 행간에서 느낄 수 있다).

제도가 잘 작동할 때 지도자들은 위기 상황 시 문제 해결에만 파묻히지 않고, 전체 그림을 보면서 창의적으로 해법을 찾곤 한다. 과부 문제가 일어났을 때 초기 교회가 그랬다. 열두 사도는 갈등의 핵심 당사자들을 불러 문제를 파악했고, 이를 해결하기 위해서는 지도 구조를 추가해야 한다고 입을 모았다. 사도들은 자신들의 사명을 이어가야 했고, 단순한 지시만으로는 새로운 실천이 자리 잡을 수 없었다. 그래서 문제를 해결할 새로운 직책과 구조가 필요했다. 이렇게 해서 부제(집사)직이 생겨났다. 교회는 목적과 구조를 연결하기 위해 증언과 성령 충만한 삶, 지혜로 인정받은 일곱 사람을 세웠다. 그렇게 함으로써 교회는 암묵적으로, 하지만 동시에 공개적으로 제도란 단순한 수단이 아니라 목적과 정체성을 담아내는 틀임을 선언했다. 또한 이는 교회가 어떤 모습의 공동체, 어떤 제도가 되어 가고 있는지를 세상에 보여주는 방식이기도 했다.

부제직은 퍼져나갔지만, 주교('에피스코포스'ἐπίσκοπος)직과 장로('프레스뷔테로스'πρεσβύτερος)직만큼 빨리 자리 잡지는 못했다. 장로들은 교회 초기부터 예루살렘에서 지도자 역할을 맡았고, 바울이 마지막 여행을 할 무렵에는 에페소(에베소)와 같은 주요 그리스도교 공동체에도 있었다. 사도행전 20장은 그가 마지막으로 예루살렘으로 가는 길에 에페소 교회 장로들이 밀레토스(밀레도)까지 나와 그를 맞이했다고 전한다. 신약성서가 전하는 장로와 주교의 역할은 그 직무들의 구분이 형성 초기에는 명확하지 않았음을 보여준다. 그러나 2세기 초 안티오키아의 이그나티우스 시대에 이르면 장로와 주교는 뚜렷이 구별된다. 이그나티우스는 주교였고 장로들의 지도자 역할을 했다. 그가 교회들과 어떤 관계를 맺고 있었는지를 보여주는 여러 편지 중에는 소아시아 스미르나의 주교 폴리카르푸스에게 보낸 편지도 있다. 이그나티우스가 죄수로서 로마에 끌려갈 때, 폴리카르푸스는 그의 사슬에 입을 맞추며 존경을 표했다. 두 주교는 모두 순교했다. 이그나티우스를 기점으로 주교직과 장로직은 발전하는 교회 안에서 영구적인 제도로 자리 잡았다.

민주주의 시대에는 주교가 얼마나 중요한 존재였는지 이해하기 어려울 수 있다. 우리는 중요한 일은 반드시 투표를 해야 한다고 여기고, 권위 있는 인물의 존재가 공동체의 성장은커녕 방해가 된다고 생각하는 경향이 있다. 그러나 초기 그리스도인들의 생각은 달랐다. 주교는 공동체가 흐르는 세월 속에서도 정체성을 유지하고, 지중해 전역에서 교회들이 일치를 이루는 데 핵심 역할을 했다. 그는 사목자이자, 영적 안내자이자, 교리 교사이자 다양한 교회를 잇는 연결고리였다. 로버트 루이스 윌켄

Robert Louis Wilken⁺이 언급했듯 이 시기 주교와 연결되지 않은 그리스도교 공동체가 있었다는 증거는 단 하나도 없다.³

시간이 흐르며 (강력한 지도자들이 흔히 그러하듯) 주교들은 서로 논쟁하고 다투기도 했다. 그러나 반드시 기억해야 할 중요한 점은 '제도'라고 부를 수 있는 구조가 발전하지 않았다면 공동체의 삶과 사명을 지속할 기반 자체가 존재하지 않았을 것이라는 점이다. 지도 체제, 구조가 있었기에 논쟁이 아무리 치열해도 사람들은 자신들이 공유하고 있던 삶의 틀 안에서, 혹은 그 틀을 두고 논쟁하고 있다는 점을 서로 인정할 수 있었다(이러한 면에서 이단이란 단지 교리의 세부 사항에서 의견을 달리하는 것이 아니라 이 틀로부터의 이탈, 혹은 이 틀을 깨뜨리려는 시도를 의미했다). 천 년이 지난 후, 동방 교회와 서방 교회가 화해할 수 없게 되자 교회의 제도 구조는 처음으로 심각한 도전에 직면했다. 그리고 500년 뒤 마르틴 루터Martin Luther의 개혁을 통해 그의 본래 의도보다 훨씬 멀리 나아간 새로운 교회들이 등장하자 교회의 제도 구조는 또다시 도마 위에 올랐다. 하지만 이 거대한 격변, 분열의 결과로 등장한 교회들 역시 기존의 제도를 절반쯤 복제했다. 물론 새롭게 등장한 개신교 전통, 그 전통에 속한 교회들은 이전 전통과는 주교, 장로, 부제에 대한 이해를 상당히 달리했고, 이에 따른 조정도 있었다. 그러나 제도 자체를 가장 의심한 개신교도들, '합의

---

³ Robert L. Wilken, *The First Thousand Years: A Global History of Christianity* (New Haven: Yale University Press, 2012), 356.

에 의한 교회 치리'를 중시하는 퀘이커교도들조차 모임을 이끌 '서기'clerk와 전국 단위의 활동을 이끌 '집행위원회'executive committee 가 필요함을 결국 인정하게 되었다.

하지만 교회 구조와 제도를 단순히 '새로운 공동체를 어떻게 조직할까'라는 실용적인 질문에 답한 산물 정도로 보는 것은 커다란 착각이다. 물론 교회에 특정 직무를 세우는 일은 조직을 위해서도 중요한 일이었다. (오늘날 사람들은 좀처럼 말하지 않지만) 공동체에는 어떤 형태로든 위계가 필요하다. 그러나 초기 그리스도인들에게 구조와 제도의 역할은 쓸모 있는 도구 그 이상이었다. 교회 구조와 제도는 국가와 구별되는 그리스도인이라는 정치적 정체성을 형성해갈 수 있도록 해주었다. 누가 주교가 될지를 결정하는 데 어떤 세속 권력자도 관여할 수 없었다. 주교들은 도시의 행정 관료가 아니었다. 그들의 권위는 오직 그리스도교 공동체 자체에서 나왔다. 처음에 로마인들은 그리스도교 조직을 보고 장례 상조 단체, 소방 조합, 철학 학파 정도로 여겼다. 하지만 점차 초기 교회는 그러한 범주를 넘어 고유한 규범과 권위 체계를 지닌, 기존의 사회와 구별되는 또 하나의 사회가 되었다. 달리 말해 교회의 구조와 제도는 교회가 자신만의 정치를 할수 있는 토대를 세워주었다. 그리고 그 토대는 다시금 사람들이 교회와 세상의 결정적인 차이를 감지하게 했다. 이 토대 위에서, 그리스도인들은 황제나 다른 신들을 예배하지 말라는 요구를 받았고 궁극적으로 누구에게 충성할지 물었다. '과연 나는 어디에,

어떤 공동체에 속해 있는가?' 이 질문 앞에서 선택의 조건을 만든 것은 교회라는 관념이 아니라 교회라는 제도였다. 교회의 초기 비평가 중 한 사람이었던 켈수스Celsus⁺가 정확하게 보았듯 초기 그리스도인들은 모든 종교가 로마의 권위에 종속된다는 전제를 거부하고 자신들만의 정치체제를 세워나가고 있었다. 이를 위해 그들은 자신이 누구인지를 알고 기억해야 했다. 즉, 교육을 받아야 했다.

교육

교회가 무엇을 의미하는지에 대한 가장 초기 기록에 따르면, 그리스도인들은 사도들의 '가르침과 교훈'(디다케)을 진지하게 받아들였다. 그리스도인이 되기 위해 필요한 앎은 태어나면서부터 주어지는 것이 아니었다. 그리스도인이 되기 위해서는 배워야 했다. 이는 물론 누군가가 가르쳐야 했다는 의미이기도 하다.

예수는 종종 "선생"(디다스칼로스διδάσκαλος, 랍비רַבִּי)이라고 불렸다. 본격적으로 공적인 활동을 시작할 때부터 죽음을 맞이할 때까지, 심지어 부활한 뒤에도 가르쳤다. 초기 그리스도인들은 예수께서 가르치셨듯 자신들도 가르쳐야 한다는 사실을 배웠다. 루가는 자신의 복음서 서문에서 말한다.

> 우리 가운데서 일어난 일들에 대하여 차례대로 이야기를 엮어 내려고 손을 댄 사람이 많이 있었습니다. 그들은 이것을 처음

> 부터 말씀의 목격자요 전파자가 된 이들이 우리에게 전하여 준 대로 엮어냈습니다. 그런데 존귀하신 데오필로님, 나도 모든 것을 시초부터 정확하게 조사하여 보았으므로, 각하께 그것을 순서대로 써 드리는 것이 좋겠다고 생각하였습니다. 이리하여 각하께서 이미 배우신 일들이 확실한 사실임을 아시게 되기를 바라는 바입니다. (루가 1:1~4)

여기서 그는 자신이 전할 이야기로 데오필로가 교육을 통해 배운 것들이 진리로 드러날 것이라고 말한다. 초기 그리스도인들이 처음으로 '그리스도인'이라고 불렸던 안티오키아 교회에는 교사들이 있었다.

> 안티오키아 교회에는 예언자와 교사 몇 사람이 있었는데 그들은 바르나바와 니게르라고 불리는 시므온과 키레네 사람 루기오와 분봉왕 헤로데와 함께 자라난 마나엔과 사울이었다. (사도 13:1)

바울은 사도, 예언자와 더불어 "교사"에 대해 언급하며 바울 전승에 속한 사목 서신들도 "믿음과 진리"를 가르치는 올바른 교사에 대해 깊은 관심을 보인다.

> 나는 이것을 증언하도록 선포자와 사도로 임명을 받아 믿음과

제도들 | 135

> 진리로 이방 사람을 가르치는 교사가 되었습니다. 나는 지금 참말을 하지, 거짓말을 하지 않습니다. (1디모 2:7)

1세기 말에 이르자 가르침은 매우 중요한 문제가 되었다. 여러 신약 본문은 그리스도인들의 공동체를 잘못된 길로 이끌 수 있는 거짓 가르침의 위험을 경고하며 이에 대응하는 "건전한 가르침"의 필요성을 강조한다(디모테오에게 보낸 둘째 편지(디모데후서), 디도에게 보낸 편지(디도서), 베드로의 둘째 편지(베드로후서)). 짧지만 강력한 야고보의 편지는 진리를 가르치는 일의 엄중함을 인식하며 교사가 되려는 이들에게 경고한다.

> 나의 형제자매 여러분, 여러분은 선생이 되려고 하는 사람이 많아서는 안 됩니다. 여러분이 아는 대로, 가르치는 사람인 우리가 더 큰 심판을 받을 것입니다. (야고 3:1)

초기 그리스도인들은 믿음과 진리를 가르치는 일이 지닌 무게를 감지했고, 바로 그렇기 때문에 가르치는 사람은 배우는 사람보다 더 큰 책임을 진다고 생각했다.

신약성서 직후에 등장한 자료들(『디다케』Didache, (헤르마스Hermas의) 『목자』the Shepherd, 『바르나바의 편지』the Epistle of Barnabas 등)을 보면, 초기 그리스도교 교육은 별도의 학교가 아닌 교회의 예배 중에 이루어졌음을 알 수 있다. 예배, 세례 준비 과정, 공동 모임을 하는 가운데 초기 그리스도인들은 자신들이 받아들인 신앙이 무엇인지 배웠다. 2세기 중반, 초기 그리스도교 변증가들이 활동하던 시기에 이르자 몇몇 그리스도교 지도자들은 좀 더 광범위한 사람들을 상대로 집중적인 교육 방식이 필요하다는 사실을 깨닫기 시작했다. 여러 철학을 탐구한 끝에 그리스도인이 된 순교자 유스티누스는 신앙과 관련된 많은 내용을 배운 뒤 로마에 자리를 잡고 가르치는 일을 시작했다. 그가 세운 곳은 방대한 자료실이나 교회가 공식적으로 지원하는 정규 학교는 아니었다. 그렇다고 아무렇게나 열린 모임도 아니었다. 유스티누스는 자신이 살던 곳과 그 근처에서 학생들을 받았다. 신앙을 배우고자 하는 이들뿐만 아니라 지나가다 들린 이들도 가르치는 대중을 위한 학교에 가까웠다. 여느 철학자들이 그러하듯 그는 자신이 철학자임을 알리는 '철학자의 망토'를 입고 다녔다(테르툴리아누스Tertullian*와 같은 그리스도인들도 그랬다). 이를 통해 유스티누스는 당시 로마 사람들에게 두 가지(첫째, 그리스도교는 스토아학파나 피타고라스 학파처럼 선생에게 도제식으로 배워야 하는 철학이라는 점, 둘째, 자신은 그 철학을 가르칠 자격이 있는 선생이라는 점)를 알렸다.

저술을 보면, 유스티누스는 상당히 깊이 있는 교육을 받기는 했으나 당대 철학계에서 최상위층에 속하지는 않았음을 알 수 있다. 하지만 그에게 (그리고 로마에서 신앙을 가르치기 시작한 다른 교사들에게도) 중요한 것은 철학의 사다리를 오르는 것이 아니었다. 그는 그리스도 안에서, 그리스도를 통해 계시된 진리로 인간

제도들 | 137

이 변화하는 사다리를 오르려 했다.[4] 여느 초기 그리스도교 교사들이 그러했듯 유스티누스는 앎과 삶이 하나로 연결되어 있다고 가르쳤다. 우리는 흔히 앎과 삶을 분리하려는 경향이 있는 반면, 고대인들은 삶을 통해서만 앎을 얻을 수 있음을, 그리고 인생에서 가장 중요한 앎이란 세상에서 참되게 존재하는 법에 대한 지식임을 알고 있었다. 유스티누스가 세운 학교는 그리스도인을 그리스도인답게 빚어내고, 그들이 누구이며 어떤 존재가 되어야 하는지를 가르치는 곳이었다.

당시 로마에서는 그리스도교의 가르침이 널리 퍼졌으며, 그만큼 자신이 그리스도교의 참된 적자임을 주장하는 여러 엇나간 신학들이 퍼지기도 했다(대표적으로 마르키온을 들 수 있다). 하지만 로마 외에도 신앙이 요구하는 바를 따라 학교 및 교육 관련 시설을 세운 도시들이 있었다. 이집트의 알렉산드리아는 대표적인 예로 오래전부터 이교 철학과 유대 철학에 대한 깊은 사유가 이루어지고 방대한 문헌을 수집한 교육의 중심지였다. 초기 그리스도인들은 이 흐름에 참여하는 한편, 자신들만의 문헌과 본문을 모으고 고유한 삶의 방식을 가르쳐야 한다고 느꼈다. 2세기 말에서 3세기 초, 위대한 오리게네스는 "삼베옷을 입은 자"라고 불렸던 플라톤주의자 암모니우스Ammonius 밑에서 공부했으며 전통 교육 과정의 첫 단계인 문법을 가르치기도 했다. 즉, 그는 고

---

[4] Gustave Bardy, 'Les écoles romains au second siècle', *Revue d'Histoire Ecclésiastique* 28, no. 2 (1932. 7), 501~532.

전 교육 방식과 내용에 익숙했다. 그러나 시간이 흐르며 오리게네스는 점점 더 많은 그리스도인에게 더 깊이 있는 그리스도교 신학을 가르치기 시작했고 「원리론」On First Principles 같은 저술들을 집필했다.

과거 학자들은 오리게네스가 알렉산드리아에서 그리스도교를 가르치던 시절 교육 환경이 어땠는지 잘 알지 못했지만, 이제는 꽤 분명해졌다. 클레멘스 숄텐Clemens Scholten에 따르면 그는 "대학 수준"의 학교에서 가르쳤다.[5] 알렉산드리아의 그리스도교인들은 독자적인 교육 기관을 세웠으며 그곳에서 기존의 예비신자 교육 수준을 훌쩍 넘어서는 신학 지식을 가르쳤다. 당시 일반적인 이교 교육 과정에 맞서는 새로운 형태의 교육이 등장한 것이다. 이 새로운 교육 기관을 훗날 교회사가 에우세비우스Eusebius는 "교리 교육 학교"라고 불렀다(「교회사」Historia Eclesiástica 6.3.3).

물론 이 학교는 중세 이후에 등장한, 우리가 대학교라고 부르는 정규 종합대학은 아니었지만, 고대 다신교 세계 한가운데에서 그리스도인을 교육하려면 그리스도교 고유의 교육 제도를 새롭게 발명해야 했으며, 실제로 그렇게 했다는 점에서 놀라웠다.

여러 이유로 오리게네스는 이후 팔레스타인에 있던 해안 도시 카이사리아로 갔고, 그곳에서 최초의, 그리고 진정한 의미에

---

[5] Clemens Scholten, 'Die alexandrinische Katechetenschule', *Jahrbuch für Antike und Christentum* 38 (1995), 16 – 37.

서의 그리스도교 대학교를 세우고 발전시켰다. 카이사리아에서 그는 학교에 들어오는 학생들이 기초 교육 과정을 마쳤다고 전제했다. 그리하여 최고 수준의 교육을 제공했으며 철학 교육 과정이 신학으로 마무리되도록 구성했다. 그 결과 깊이 있는 주석과 해석학, 우의적 해석에 능통한 그리스도교 학생들이 배출되었다. 또한 학교는 알렉산드리아 교회에 견줄 만한 방대한 문헌 자료실도 갖추었다. 학교 운영진은 최고 수준의 학문을 구현하려면 연구와 성찰, 새로운 통찰을 낳을 수 있는 자료들을 꾸준히 접할 수 있어야 한다는 사실을 잘 알고 있었다.

하지만 그들의 연구가 '연구를 위한 연구'는 아니었다. 카이사리아 대학에서 연구는 그리스도 공동체 안에서 기관이 감당하는 사명 위에서 이루어졌다. 카이사리아 대학 구성원들은, 그리고 당시 교회는 세상을 향한 그리스도교의 선교는 대학 수준의 교육을 반드시 수반해야 한다고 생각했다. 그곳에서 공부하던 학생들은 카이사리아 근처에 살던 이들이 아니라 그리스도교 진리를 위해 고도의 지적 활동을 감내하고자 했으며, 감내할 수 있던 이들이었다.

오리게네스는 사유 및 가르침과 사생활이 따로 노는 '상아탑 학자'가 아니었다. 사실 고대에는 우리가 알고 있는 사생활private life이 존재하지 않았다. 알렉산드리아 시절부터 이어져 온 오리게네스의 금욕생활은 그의 가르침과 분리될 수 없다. 그는 늘 맨발로 다녔으며 겉옷도 하나뿐이었던 것으로 보인다. 에우세비우스의 기록에 따르면 이러한 삶의 방식은 그가 예수의 말씀을 문자 그대로 실천하려 한 데서 나왔다(『교회사』 6.3.10., 마태 10:10 참조. 스승 암모니우스의 영향도 일정 부분 있었을 것이다. 고대 철학 전통에서 금욕생활은 흔한 특징이었다). 오리게네스는 우의적 해석을 탁월하게 가르쳤을 뿐 아니라 문자적 해석이 무엇을 뜻하는지도 삶으로 보여주었다.

카이사리아에서는 학생과 교사가 긴밀한 교제를 나누었고 학생들은 교사를 가까이서 지켜보고 따를 수 있는 충분한 시간을 가졌다. 학교는 학생의 길, 제자의 길이야말로 그리스도인이 추구해야 할 길이라고 확신했고 이를 현실에 구현했다. 가장 높은 수준의 우의적 해석도 결국에는 인간이 어떻게 먹고, 자고, 말하고, 옷 입고, 사는지와 관련이 있었다.

물론 (그 수준이 어떠하든) 그리스도교 학교를 만든다 해도, 거기서 가르치는 내용이 이교 문화와 동일하다면 아무런 의미가 없었을 것이다. 그렇다면 그들은 무엇을 가르쳤는가? 그리고 초기 그리스도인들은 왜 특정한 교육 형태를 개발해야 한다고 생각했을까?

그리스도인들은 학교 교육을 통해 당시 주류 문화를 바꾸려는, 일종의 문화 '인수 작전'에 나섰다.[6] 고대 세계 상황을 염두에 두면 실로 대담한 일이었다. 지중해 전역에 흩어져 있던 이

---

[6] Frances M. Young, *Biblical Exegesis and the Formation of Christian Culture* (Cambridge: Cambridge University Press, 1997), 51.

소수의 사람들은 주변 사회와 전혀 다른 확신을 품었다. 이들은 자신들이 '참된 생명의 말씀'을 가지고 있다고 믿었고, 이 말씀을 반드시 가르쳐야 한다고 생각했다. 그래서 그들은 이방 교육 과정의 기초를 이루었던 호메로스 문학을 성서로 대체했다. 그렇게 함으로써 세상에서 어떻게 살아야 하는지에 대한 다른 상상력, 성서에 뿌리내린 상상력을 제시했다. 이 상상력은 단순한 사색을 통해서, 혹은 저절로 생겨나지 않았다. 이러한 상상력을 타고난 사람은 아무도 없었다. 그리스도인이 되는 것과 마찬가지로 이러한 상상력 역시 가르침을 받아야만 일어날 수 있는 것이었다.

유대인들과 마찬가지로 그리스도인들은 처음부터 '책의 백성'이었다. 그러나 성서 해석을 가르쳐야 한다는 생각은 유대교 전통에만 뿌리를 두지 않았다. 그들은 예수가 전한 가르침에서 근거를 찾았다. 루가복음서 마지막 부분에서 부활한 예수는 제자들에게 두 번이나 성서 해석 강의를 한다. 글레오파(글로바)와 동행자에게 예수는 "성경 전체에서 자기에 관하여 써 놓은 일"(루가 24:27)을 해석해 준다. 그리고 이후 "열한 제자와 또 그들과 함께 있던 사람들"에게 예수는 말한다.

> 모세의 율법과 예언서와 시편에 나를 두고 기록한 모든 일이 반드시 이루어져야 한다. (루가 24:44)

그다음 그는 "성경을 깨닫게 하시려고, 그들의 마음을 열어 주시고"(루가 24:45) 말한다.

> 이렇게 기록되어 있다. 곧 '그리스도는 고난을 겪으시고, 사흘째 되는 날에 죽은 사람들 가운데서 살아나실 것이며, 그의 이름으로 죄사함을 받게 하는 회개가 모든 민족에게 전파될 것이다'. (루가 24:46~47)

부활한 예수는 메시아인 자신이 누구인지를 알기 위해서는 성서를 읽고 탐구해야 하며, 교회의 사명을 깨닫기 위해서도 성서를 읽고 탐구해야 한다고 제자들에게 분명하게 가르쳤다. 예수의 부활은 새로운 창조를 가져왔다. 하지만 그 새로운 창조를 이해하려면 끊임없이 성서로 돌아가야 한다. 신약성서는 예수가 누구이며 그리스도인은 그를 따라 어떤 존재가 되어야 하는지, 무엇을 해야 하는지를 밝히는 데 성서가 얼마나 중요한지를 다양한 방식으로 증언한다. 예를 들어 바울은 지금 그리스도인으로 살아가는 것은 그저 오늘 시작된 일이 아니라 하느님께서 옛날부터 이스라엘과 함께 하신 이야기의 연속선상에 있다고, 예수 그리스도를 통해 그 역사가 이어져 교회가 '그리스도의 몸'으로 세워지는 과정에 있다고, 그 흐름 속에서 삶을 해석하라고 가르

쳤다.[7]

요한복음서는 놀라운 방식으로 시작된다. 육신을 입고 온 예수, 즉 선재하는 말씀에 비추어 창세기의 창조 이야기를 새롭게 읽는 것이다.

> 태초에 '말씀'이 계셨다. 그 '말씀'은 하느님과 함께 계셨다. 그 '말씀'은 하느님이셨다. 그는 태초에 하느님과 함께 계셨다. 모든 것이 그로 말미암아 창조되었으니, 그가 없이 창조된 것은 하나도 없다. 창조된 것은 그에게서 생명을 얻었으니, 그 생명은 사람의 빛이었다. 그 빛이 어둠 속에서 비치니, 어둠이 그 빛을 이기지 못하였다. ... 참 빛이 있었다. 그 빛이 세상에 와서 모든 사람을 비추고 있다. 그는 세상에 계셨다. 세상이 그로 말미암아 생겨났는데도, 세상은 그를 알아보지 못하였다. 그가 자기 땅에 오셨으나, 그의 백성은 그를 맞아들이지 않았다. 그러나 그를 맞아들인 사람들, 곧 그 이름을 믿는 사람들에게는, 하느님의 자녀가 되는 특권을 주셨다. (요한 1:1~5, 9~12)

이 복음서는 독자들이 모든 피조 세계를 말씀의 무대로 이해하게 만든다. 초기 그리스도인들은 모든 '말'word이 '말씀'Word을 섬기는 도구가 될 수 있다고 보았다. 이러한 맥락에서 초기 그리스

---

[7] 다음을 참조하라. Richard B. Hays, *The Conversion of the Imagination: Paul as Interpreter of Israel's Scriptures* (Grand Rapids: Eerdmans, 2005).

도인들에게 교육이란 기존의 문화가 제공하던 지식 체계에서 벗어나 성서를 중심에 둔 새로운 독해 방식과 새로운 공동체 속으로 들어가는 과정이었다.[8] 그렇다고 해서 고전과 이교 세계에서 얻을 수 있는 지식을 포기하지는 않았다. 적어도 초기에는 학교에 다니던 대다수 그리스도인이 이교도 이웃과 함께 기초 수준의 학교에 다니며 일반 교육 과정을 따랐다. 그리스도인 교사들도 고전 교육 과정을 가르쳤다(이는 배교자 율리아누스가 그리스도교 교사들의 고전 교육을 금지한 사실만 봐도 알 수 있다). 하지만 이러한 고전 교육을 받음과 동시에 그리스도인 학생들은 교회에서 성서를 중심으로 세상을 이해하는 법을 배웠다. 성서는 다른 모든 문헌과 본문을 해석하는 틀이자 맥락으로 자리 잡았고, 고전 교육 과정은 더 포괄적인 성서의 문법 아래 놓였다. 율리아누스는 이를 간파했기 때문에 그리스도교 교사들의 고전 교육을 금지한 것이다. 그는 바보가 아니었다. 고급 과정, 가장 높은 수준의 교육 과정에 참여하는 경우에는 그리스도교 교사와 학생 모두 이교 철학 저작에 익숙했다. 하지만 중심과 무게는 언제나 성서에 있었다. 즉, 기존 교육 제도가 유지되고 있었음에도 불구하고 초기 그리스도인들은 호메로스 (그리고 플라톤과 그 외 고전들) 대신부러 성서를 권위 있는 종교, 철학 문헌으로 삼았다. 자신들을 둘러싼 "서로 긴밀하게 얽혀 전체를 이루는 문학, 상징 문화"를

---

[8] Robin Lane Fox, 'Literacy and Power in Early Christianity', *Literacy and Power in the Ancient World* (Cambridge: Cambridge University Press, 1994), 128.

성서라는 렌즈로 다시 해석한 것이다.[9]

당시 교양 있는 그리스도인 중 누구도 문체나 아름다움의 측면에서 이교 문학보다 성서가 빼어나다고 생각하지 않았다. 실제로 그리스도교 변증가들은 이교도들의 고급 문학 작품과 견주었을 때 성서는 투박하고 소박하다는 비판에 대응해야 한다는 압박을 느꼈다. 그리스도인들이 성서에 대해 내세운 것은 그 내용과 파급력이었다. 그들은 이렇게 가르쳤다. "이 말들을 배우면 당신은 변화될 것이다."

이는 초기 그리스도인들이 교육 기관을 만든 이유이기도 하다. 그들에게 교육은 단순히 지적 욕구를 충족하는 활동이 아니라 교사와 학생 모두를 그리스도의 형상으로 빚어내고 변화시키는 과정이었다. 그들은 배움을 통해 그리스도의 몸이라는 공동체의 일원이 되고, 예수가 보여준 참된 인간이 된다고 생각했다. 호메로스를 기반으로 세워진 기존의 교육 제도 안에서는 이런 일을 할 수 없었기에 초기 그리스도인들은 성서가 전하는 진리에 비추어 삶을 새롭게 빚어갈 수 있는 새로운 학습 방식을 고안해내야 했다. 그들은 교육을 통해 존재와 삶의 방식을 근본부터 변화시키고자 했고, 자신이 누구인지 기억하고 (요한복음서의 표현대로) 진리를 행하는 것이 곧 진리를 추구하는 것임을 아는 그

---

[9] Frances M. Young, *Biblical Exegesis and the Formation of Christian Culture*, 75, 79. 또한 다음을 참조하라. Arthur J. Droge, *Homer or Moses? Early Christian Interpretations of the History of Culture* (Tübingen: Mohr Siebeck, 1989).

리스도인을 세상에 세우려 했다. 이 장에서 가장 많이 언급한 두 그리스도교 교사, 유스티누스와 오리게네스가 모두 깊은 학문과 제자도의 삶을 하나로 통합했다는 사실은 의미심장하다. 그들의 '선생' 예수처럼 유스티누스와 오리게네스 역시 진리를 증언했기 때문에 목숨을 잃었다.[10] 그렇게 그들은 자신들이 가르치고자 했던 '말씀의 주님'을 닮게 되었다. 이처럼 초기 그리스도인들에게 가르침이란 곧 예수를 닮아가는 삶이었다.

돌봄

오늘날 우리는 자선 단체가 넘쳐나는 세상에 살고 있다. 문화에 너무나 깊숙하게 스며들어 있기에 있는 것이 당연하게 여겨질 정도다. 커다란 태풍이 지나간 뒤 '사마리아인의 지갑'Samaritan's Purse('인도주의에 입각해 만들어진 개신교 자선 단체. 1970년 창립된 뒤 전 세계에서 재난이 일어났을 때 구호 활동을 벌이며 식수 공급 운동, 어린이 치료 운동도 병행하고 있다)이 현장에 나타나 물과 음식을 나누어 주고 복구를 돕는다고 해서 누구도 놀라지 않는다. 식료품점 계산대에서 점원이 "잔돈 중 일부를 소아암 환자를 돕는 데 기부하시겠습니까?"라고 물어도 아무도 놀라지 않는다. 오늘날 자선 단체들은 마우스 클릭 한 번이나 "네, 그렇게 해주세요"라는 말 한마디로 가까이 있는 이들, 멀리 있는 이들, 심지어 평

---

[10] 유스티누스는 처형으로 순교하였고, 오리게네스는 고문을 당해 죽었다. 두 사람 모두 그리스도의 수난을 닮은 이들이다.

생 만나지 못한 이들을 도울 수 있게 한다.

우리는 심하게 아프면 보통 병원에 가서 치료받을 수 있다고 생각한다. 보험 문제와 병원비 청구가 뒤따른다는 사실은 알지만, 병이 심각하면 병원이 우리를 내쫓지는 않을 거라고 믿는다. 적어도 이 나라에서 전염병이 심각하게 퍼지면 사람들은 질병통제예방센터Centers for Disease Control and Prevention(CDC)와 주요 의료기관들이 적극적으로 체계적인 대응에 나설 것이라고 기대한다. 또한 우리는 의사, 간호사, 원목, 지역 교회 사목자 등 환자가 아프면 돌보는 이들이 있을 것이라고 믿는다. 즉, 우리는 돌봄이라는 관점과 개념, 돌봄과 관련된 제도 및 구조, 돌봄의 필요성을 당연시한다. 그래서인지 대다수는 이들이 어떻게 세상에 들어오게 되었는지를 생각해 보려 하지 않는다. 이들의 존재가 인류 역사에서 당연하지 않았다는 사실을, 이러한 돌봄의 형태는 그리스도인들이 처음 만들어냈다는 사실을 모른다. 왜 이런 돌봄의 형태가 만들어졌는지도 모른다.

인간에 대한 그리스도교의 이해와 전망을 살아 있게 하고 세상에 드러내기 위해 초기 교회는 그 이해를 특정 실천에 담아냈고, 이를 구현하는 제도와 기관을 세웠다. 가난한 이들을 위한 그리스도교의 지원, 전염병 시기 환자들에 대한 돌봄, 병원의 설립, 고아원의 발명까지, 이를 통해 초기 교회는 예수 그리스도 안에서, 예수 그리스도를 통해 하느님이 드러내신 인간의 사회, 정치적 의미를 구체적으로 볼 수 있게 했다.

당연한 말이지만 가난한 사람들은 언제나 있었다. 그러나 '가난한 사람'이라는 범주, 즉 우리가 마땅히 책임을 지고 제도의 도움과 돌봄을 제공해야 하는 집단이 항상 있었던 것은 아니다. 초기 그리스도인들은 이 범주를 만들어 처음으로 궁핍한 사람들을 세상에서 함께 얽혀 살아가는 이들로 보게 했다.

초기 그리스도인들이 가난한 사람을 그렇게 본 이유는 교회에 선하고 이타적인 사람들이 가득했기 때문이 아니다(바울의 편지를 조금만 읽어봐도 그렇지 않다는 사실은 알 수 있다). 그렇다고 자신들이 인권을 발견했다고 믿었던 초기 근대 자유주의자들처럼 생각했기 때문도 아니었다. 그들이 그렇게 할 수 있던 이유는 다른 무엇보다 예수가 이 문제에 대해 분명하고도 강력하게 설교했기 때문이다. 루가복음서에 나오는 나자렛 회당에서의 설교에서 예수는 이사야서에 기록된 하느님의 선언이 지금 자기를 통해 현실화되고 있다고, 이사야서에 나타난 하느님의 마음이 지금 여러분 앞에 서 있다고 선포한다.

> 예수께서는, 자기가 자라나신 나자렛에 오셔서, 늘 하시던 대로 안식일에 회당에 들어가셨다. 그는 성경을 읽으려고 일어서서 예언자 이사야의 두루마리를 건네 받아서, 그것을 펴시어, 이런 말씀이 있는 데를 찾으셨다. "주님의 영이 내게 내리셨다. 주님께서 내게 기름을 부으셔서, 가난한 사람에게 기쁜 소식을 전하게 하셨다. 주님께서 나를 보내셔서, 포로 된 사람들

에게 해방을 선포하고, 눈먼 사람들에게 눈 뜸을 선포하고, 억눌린 사람들을 풀어 주고, 주님의 은혜의 해를 선포하게 하셨다." 예수께서 두루마리를 말아서, 시중드는 사람에게 되돌려 주시고, 앉으셨다. 회당에 있는 모든 사람의 눈은 예수께로 쏠렸다. 예수께서 그들에게 말씀하셨다. "이 성경 말씀이 너희가 듣는 가운데서 오늘 이루어졌다." (루가 4:16~18)

이후 큰 무리 앞에서도 제자들을 향해 아주 직설적으로 선언한다.

> 너희 가난한 사람들은 복이 있다. 하느님의 나라가 너희의 것이다. (루가 6:20, "그들"이 아니라 "너희"임에 주목하라.)

또 다른 이유는 초기 그리스도인들이 만물을 아우르는 이야기를 통해 인간이 그리스도를 만나고 그분을 섬길 수 있는 자리임을 배웠기 때문이다. 그들에게 주님을 섬긴다는 것은 그분의 가르침에 순종하는 것뿐 아니라 실제 인간의 얼굴로 나타나신 분과 함께 세상을 살아가는 것이었다. 십자가 처형은 고통받고, 벌거벗고, 연약한 인간이 곧 그리스도임을 가르쳐주었다. 초기 그리스도인들은 가난한 사람이 그리스도이며 그들을 돌보는 일, 그들이 필요로 하는 것을 공급하는 일이 그들 가운데 계신 그리스도를 섬기는 것이라고 생각했다. 사도행전은 교회가 모든 것을 서로 나누는 이야기로 시작해 복음의 확산이 가난한 사람들을 돌보는 일과 결코 분리될 수 없음을 알려준다. 바울은 예루살렘 교회의 지도자들이 자신에게 단 한 가지 사항만을 당부했다고 전한다.

> 하느님께서는 사람을 겉모양으로 보지 않으시므로 소위 지도자라는 사람들이 과거에 어떤 사람들이었든 간에 나에게는 아무 상관도 없지만, 그들도 나에게 어떤 새로운 제언을 한 일은 없습니다. 도리어 그들은 마치 베드로가 할례받은 사람들에게 복음을 전하는 일을 위임받았듯이 내가 할례받지 않은 사람들에게 복음을 전하는 일을 위임받았다는 사실을 인정하기에 이르렀습니다. 곧 하느님께서 할례받은 사람들을 위한 사도직을 베드로에게 주신 것같이 이방인들을 위한 사도직을 나에게 주셨다는 사실을 인정한 것입니다. 그뿐만 아니라 기둥과 같은 존재로 여겨지던 야고보와 게파와 요한도 하느님께서 나에게 주신 이 은총을 인정하고 나와 바르나바에게 오른손을 내밀어 친교의 악수를 청하였습니다. 그리하여 우리는 이방인들에게 전도하고 그들은 할례받은 사람들에게 전도하기로 합의하였습니다. 한 가지 그들이 우리에게 요구한 것은 가난한 사람들을 기억해 달라는 것이었는데 그것은 바로 내가 전부터 열심히 해오던 일이었습니다. (갈라 2:6~10)

바울은 실제로 그렇게 했다. 그의 편지와 사도행전에는 궁핍으로 힘들어하는 교회들을 돌보고 예루살렘 교회를 지원하기 위해 꾸준히 헌금을 모아 보낸 흔적이 남아 있다.

> 지금 나는 성도들을 돕는 일로 예루살렘에 갑니다. 마케도니아와 아가야 사람들이 기쁜 마음으로, 예루살렘에 사는 성도들 가운데 가난한 사람들에게 보낼 구제금을 마련하였기 때문입니다. (로마 15:25~26)

> 성도들을 도우려고 모으는 헌금에 대하여 말합니다. 내가 갈라디아 여러 교회에 지시한 것과 같이, 여러분도 그대로 하십시오. 매주 첫날에, 여러분은 저마다 수입에 따라 얼마씩을 따로 저축해 두십시오. 그래서 내가 갈 때에, 그제야 헌금하는 일이 없어야 할 것입니다. (1고린 16:1~2)

> 내가 증언합니다. 그들은 힘이 닿는 대로 구제하였을 뿐만 아니라, 오히려 힘에 지나도록 자원해서 하였습니다. 그들은 성도들을 구제하는 특권에 동참하게 해 달라고, 우리에게 간절히 청하였습니다. (2고린 8:3~4)

> 지금 여러분의 넉넉한 살림이 그들의 궁핍을 채워주면, 그들의 살림이 넉넉해질 때에, 그들이 여러분의 궁핍을 채워 줄 수

도 있을 것입니다. 이렇게 하여 평형이 이루어지는 것입니다. 이것은, 성경에 기록하기를 "많이 거둔 사람도 남지 아니하고, 적게 거둔 사람도 모자라지 아니하였다" 한 것과 같습니다. (2고린 8:14~15)

야고보의 편지도 영혼의 일과 몸의 일을 분리하는 그리스도인을 신랄하게 비판한다.

> 어떤 형제나 자매가 헐벗고, 그 날 먹을 것조차 없는데, 여러분 가운데서 누가 그들에게 말하기를 "평안히 가서, 몸을 따뜻하게 하고, 배부르게 먹으십시오" 하면서, 말만 하고 몸에 필요한 것들을 주지 않는다고 하면, 무슨 소용이 있겠습니까? (야고 2:15~16).

유대인들의 경우 오래전부터 도움이 필요한 다른 유대인을 돕기 위해 애를 썼다. 율법은 어려움에 처한 다른 유대인을 위해 무엇이든 하라고 분명하게 규정하고 있으며, 심지어 부채를 탕감하고 새로운 출발을 가능하게 하는 희년이라는 관행에 대해서도 말한다(레위 25장 참조). 초기 그리스도인들은 성서에서 물려받은 이 감각을 더 철저하게 밀고 나아갔다. 사도행전 이후 기록된 초기 문헌들에 따르면 그들은 먼저 자기 공동체 사람들을 돌보았다. 현대 학자들은 사도행전에 나타난 공동체의 경제 구조를

'이상화된 모습'으로 보는 경향이 있지만, 다른 문헌들까지 고려해보았을 때 초기 그리스도인들은 이를 실제로 진지하게 실천한 듯하다(테르툴리아누스, 「호교론」Apologeticum 39, 「사도 헌장」 2.26 등 참조).

초기 변증가 중 한 사람인 아테네의 아리스티데스Aristides of Athens는 공동체에 가난한 그리스도인들이 있고 다른 구성원들도 여유가 없다면, 공동체 구성원들은 가난한 이들에게 필요한 음식을 공급하기 위해 이틀 또는 사흘 금식해야 한다고까지 말했다(「호교론」Apologia 15).

교회는 물품이 필요한 과부들의 명단을 작성했고, 다른 교회에 자신들이 어떠한 지원을 했는지 편지로 알렸으며, 누구에게 무엇을 줄지 구체적으로 지시하기도 했다. 이를테면 한 파피루스 문서에는 "소피아에게 외투 한 벌을 주시기 바랍니다"라고 적혀 있다. 그리스도인들의 나눔은 매우 광범위했고 널리 알려졌다. 2세기 초 예리한 관찰자였던 이교도 루키아노스Lucian[+]도 이를 알고 있었다. 그는 그리스도인들의 잘 속는 성향을 비웃었다. 사기꾼 페레그리누스가 그리스도인 행세를 하다 투옥되었는데, 그가 감옥에서 곤궁에 처하자 순진한 그리스도인들이 공동체에서 나누던 것을 아낌없이 베풀며 그를 돌보았다는 것이다.

시간이 흐르며 가난한 사람에게서 그리스도의 얼굴과 축복을 본다는 그리스도인들의 믿음, 그 믿음에서 나온 급진적인 헌신은 공동체 밖 사람들에 대한 돌봄으로 이어졌다. 역사학자 피터

브라운Peter Brown⁺의 표현을 빌리면, 그 결과 고대 세계는 "완전히 새롭게 출발"하게 되었다. "사회라는 지평이 활짝 열어 젖혀진" 것이다.[11]

그리스도인들이 나서기 전까지 로마에는 빈곤층을 위한 별다른 제도가 존재하지 않았다. 물론 기근을 막기 위해 식량을 무료로, 혹은 저렴하게 공급하려는 시도는 있었다. 그러나 이런 지원은 모두 시민권이 있는 이들에게만 해당했다. 시민권을 증명할 수 있으면 부자든 가난한 사람이든 같은 양의 곡물을 받았다. 로마인의 눈에 도움을 필요로 하는 대상은 도시였지, 도시에 사는 가난한 사람이 아니었다. 황제와 권력자들은 도시와 시민의 후원자였다. 도시와 시민, 시민과 도시, 로마에서는 이 관계가 사회를 묶는 참된 끈이었고 사회를 바라보는 기본 틀이었다.

이와 달리 그리스도인들은 사회에서 절박한 상황에 놓인 이들을 보았다. 그들은 로마 세계에서 처음으로 도시나 시민이 아닌 '가난한 사람들'을 보았다. 이 움직임은 새로운 사회적 상상력을 빚어냈고 사람들을 하나의 복잡한 전체로 연결했다. 달리 말하면, 그리스도인들은 도시든 시골이든 상관없이 경제적 취약함을 기준으로 모든 인간을 하나로 엮는 새로운 사회 구조를 생각해냈다. 그들에게 궁핍한 사람the destitute은 곧 '가난한 사람'the

---

[11] Peter Brown, *Poverty and Leadership in the Later Roman Empire* (Boston: Brandeis University Press, 2001), 6. 『고대 후기 로마제국의 가난과 리더십』(태학사).

poor이었다. 그리스도인들에게는 시민이라는 신분이 경제적 현실보다 우선하지 않았다. '가난한 사람'이 우선이었다. 사람들은 주교를 "가난한 사람의 벗"이라고 불렀다.

지중해 전역에서 그리스도교 공동체가 성장하고 확산하자 물품 분배가 계속 이루어지도록 교회 구조를 활용해야 한다는 목소리가 나왔다. 콘스탄티누스Constantine I* 이전에도, 이후에도 주교들은 가난한 사람을 사랑하는 그리스도교의 실천을 유지할 책임을 맡았다. 교회가 돌보아야 할 사람들의 범주를 새롭게 만들어낸 주교들은 "후기 고대 사회의 중요한 영역을 '가난한 사람에 대한 사랑'이라는 새롭고도 독특한 염료로 물들였다".[12]

4세기 무렵 그리스도인들이 가난한 사람들에 대한 사랑이라는 정신을 로마 사회에 스며들게 한 가장 주요한 방법은 가난한 사람들을 위한 숙소('크세노도케이온'ξενοδοχεῖον)를 발명한 것이다. 이러한 곳들은 흔히 독립된 건물로 가난한 사람들을 보호하고 섬기기 위해 다양한 기능을 했다. '가난한 사람들'에는 떠돌이 빈민과 더 나은 삶을 찾아 떠도는 난민도 포함되었다. 특히 떠도는 가난한 사람들을 돌봄으로써 그리스도인들은 "이전까지 아무도 주목하지 않았던, 보이지 않는 이주민 계층"을 세상에 드러냈다.[13]

그들은 심지어 나병 환자들도 섬겼는데, 이는 지역 주민들의

---

[12] Peter Brown, *Poverty and Leadership in the Later Roman Empire*, 9.
[13] Peter Brown, *Poverty and Leadership in the Later Roman Empire*, 32.

불만을 사기도 했다. 주교 요한 크리소스토무스John Chrysostom†가 콘스탄티노폴리스의 명망 있는 지역 인근에 나병 환자 숙소를 세운 것이 대표적인 예다. 이러한 가난한 사람들을 위한 숙소는 배교자 율리아누스의 관심과 상상력을 사로잡았다. 갈라티아의 이교 사제 아르사키우스에게 보낸 편지에서 그는 말했다.

> 그리스도인들은 자기네 가난한 사람들뿐 아니라 우리의 가난한 이들까지 돌본다.[14]

가난한 이들에게 물품을 나누어주는 주교들의 활동, 그리고 위와 같은 기관과 제도 덕분에 훗날 교회는 면세 특권을 누렸다. 가난한 사람들을 돌보는 한 교회는 로마 제국의 세금을 면제받을 수 있었다. 가난한 사람들을 돌보는 일과 면세 혜택이 결합하면서 가난한 사람들을 위한 교회의 활동은 도시 공동체가 인정하는 공적 선행으로 격상되었다. 서구 역사에서 처음으로 가난한 사람들이 자선 활동과 제도의 중심에 놓였다. 그렇게 그들은 사회를 구상하고 사회를 살아가는 방식에 녹아들었다. 그리스도인들은 '공공의 미덕'public virtue이라는 새로운 가치를 창조해낸 것이다.[15]

---

[14] Julian, Ep. 22.
[15] 중세 시대 전반에 걸쳐 크세노도케이아(환대의 집)는 오늘날 우리가 알고 기대하는 자선 단체의 기본 원형으로 기능했다. 문제는 시간이 흐

달리 말하면 인간에 대한 그리스도교의 이해와 전망이 교회의 구조와 제도, 기관을 통해 실제로 사회에서 작동하기 시작했다. 초기 그리스도인들은 가난한 사람들을 보는 법을 배웠고 배운 바를 실천했다. 그 결과 로마 역사에서 처음으로 '가난한 사람들'이 하나의 사회 속 집단으로 눈에 띄게 되었다. 나병 환자 사례에서 볼 수 있듯 그리스도인들은 병든 사람을 보는 법도 배웠다. 이제부터는 그 이야기를 살펴보겠다.

가난한 사람들과 마찬가지로 인류 사회에는 병든 사람들이 늘 있었다. 이집트 사막에서 발견된 수많은 '마법 주문' 파피루스 가운데 건강을 기도하는 주문은 가장 기본적인 두 가지 주문 중 하나였다(앞서 언급했듯 다른 하나는 사랑을 얻고자 하는 주문이었다). 병든 사람들은 건강을 주관하는 신들과 관련된 신전(특히 아스클레피오스 신전)이나 마술사, 점술가를 찾았고 가능하면 의사를 찾기도 했다. 집에서 민간요법을 하기는 했으나 별다른 치료를 받지 못하는 경우가 잦았다. 로마 세계에는 체계적이고 공동체 전체를 아우르는 의료 제도나 기관이 없었다. 물론 당시에도 의사는 있었고, 상당수는 오늘날 의사처럼 의료 지식과 의술을 강도 높게 교육받았다. 하지만 그렇게 훈련받은 의사들의 진료는 주로 개인 가정에서 이루어졌다. 오늘날 우리가 아는 병원이나 보

르며 교회가 자선을 '시민의 선'이라는 개념으로 설명하면서 그 책임을 망각하고 정부에 넘겼다는 점이다. 그 결과 가난한 이들을 돌보는 일은 정부가 맡아야 한다는 인식이 자리 잡았고, 역사가 보여주듯 이는 비효율적일 뿐 아니라 때로는 오히려 해로운 방식이 되었다.

건소는 존재하지 않았다. 부유층이나 경제 계층에서 상위에 속한 사람들만 의사에게 치료받을 수 있었고 돌팔이들을 피할 수 있었다.

일부 의학사 연구자들은 초기 그리스도인들이 의학에 입각한 치료를 피하고 기도나 기적을 통한 치유를 선호했다고 본다. 실제로 그런 그리스도인들도 있었을 것이다. 그러나 전체적으로 보면 그리스도인들도 다른 사람들처럼 질병에는 특정 원인이 있으며 그에 따른 치료가 가능하다고 믿었다. 악령과 축귀의 필요성도 믿었지만, 연구에 따르면 대체로 그런 특수한 경우와 기본적인 치료가 필요한 다양한 질병을 비교적 명확하게 구분했다.[16] 처음부터 그리스도인들은 자신들이 전하는 '구원'이 단지 영혼만을 위한 것이 아님을 강조했다. 애초에 그들은 몸과 영혼을 나누는 사고방식을 받아들이지 않았다. 그들은 놀라운 치유가 일어났을 때도 몸이 회복되었다는 뜻에서 '구원'이라고 불렀다.

> 예수께서 걸음을 멈추시고, 그를 데려오라고 분부하셨다. 그가 가까이 오니, 예수께서 그에게 물으셨다. "내가 네게 무엇을 해주기를 바라느냐?" 그가 대답하였다. "주님, 내가 볼 수 있게 해주십시오." 예수께서 그에게 말씀하셨다. "눈을 떠라. 네 믿음이 너를 구원하였다." 그러자 그는 곧 보게 되었고, 하느님

---

[16] Gary B. Ferngren, *Medicine and Healthcare in Early Christianity* (Baltimore, Johns Hopkins University Press, 2012)

께 영광을 돌리면서 예수를 따라갔다. 사람들은 모두 이것을
보고서, 하느님을 찬양하였다. (루가 18:40~43)

그때에 베드로가 성령으로 가득 차서 그들한테 말했다. "백
성의 지도자님들과 원로님들! 우리가, 오늘 심문을 받는 것은
무엇 때문입니까? 아픈 사람에게 해 준 좋은 일에 대해서 이
사람이 누구 덕에 구원받았는가 하는 일 때문입니까?" (사도
4:8~9)

그들은 가난한 사람들을 보듯 병든 사람들을 보았다. 병든 사람
들은 온전히 몸을 지닌 이웃, 즉 왕의 형상을 지닌 이들이었으
며 왕에게 그러하듯 존중하고, 귀히 여기고, 사랑해야 하는 이들
이었다.

아마도 병든 인간을 그리스도로 보는 그리스도교의 관점이
가장 뚜렷하게 드러난 순간은 전염병이 창궐했을 때일 것이다.
당시 사람들에게 전염병은 공포 그 자체였다. 군대든 도시든 마
을이든 전염병은 모든 것을 휩쓸어버렸다. 투키디데스Thucydides
는 로마 시대에 앞서 아테네에 들이닥친 전염병을 기록하면서
고대인들이 얼마나 이를 두려워했는지 잘 보여준다. 그에 따르
면 의사들은 아무런 쓸모도 없었고 사람들은 서로에게 다가가기
를 두려워했다.

> (병에 걸린) 사람은 돌보는 이 하나 없이 죽었고, 어떤 집은 모든 식구가 아무런 보살핌도 받지 못한 채 죽었다. ... 죽어가는 이들이 쌓이고 있었고, 반쯤 죽은 이들이 거리에서 비틀거리거나 물을 얻기 위해 분수대 주위에 모여들었다. 신전들 역시 ... 죽은 이들의 시신으로 가득했다. ... 압도적인 재앙에 사람들은 종교나 법의 모든 규범에 무관심해졌다. ... 신이나 법, 혹은 인간에 대한 두려움은 아무런 억제력을 갖지 못했다. 신들을 숭배하든 말든 아무런 차이가 없는 것처럼 보였다. (『펠로폰네소스 전쟁사』History of the Peloponnesian War II. vii.)

전염병의 참상에 대한 다른 고대 기록들도 투키디데스가 묘사한 바와 크게 다르지 않다. 전염병은 그야말로 악몽이었다.

초기 그리스도인들은 두 차례 엄청난 파장을 남긴 전염병을 맞닥뜨렸다. 하나는 기원후 165년에 시작된 안토니누스 전염병이었고, 다른 하나는 약 100년 뒤인 기원후 250년에서 260년 사이에 발생한 전염병이었다. 당시 모든 상식과 관행을 거슬러 그리스도인들은 이 전염병을 하나의 '기회'로 여겼다. 안토니누스 전염병이 돌았을 때는 저명한 의사 갈레노스Galen마저 로마를 떠나 소아시아에 있던 별장으로 피신했지만, 그리스도인들은 병든 사람들에게서 그리스도를 알아보고 그들을 돌본다는 자신들의 믿음을 드러낼 기회로 여겼다. 두 번째 전염병 당시 알렉산드리아의 주교 디오니시우스Dionysius of Alexandria⁺는 이교도들이 "병에 걸린지 얼마되지 않은 사람들마저 밀쳐냈고, 사랑하는 사람들로부터 도망치거나 반쯤 죽은 상태인 그들을 거리로 내던졌으며 묻히지 않은 시신은 쓰레기 취급했다"고 기록했다. 반면 그리스도인들은 "어떠한 보호 장비도 없이 병든 사람들을 찾아가 부지런히 그리스도 안에서 그들을 섬기며 돌보았다"(에우세비우스, 「교회사」 7.22에 인용된 편지).

병든 사람들을 돌본다고 해서, 그리스도인들이 전염병에 면역을 갖게 되지는 않았다. 그들은 자신이 병에 걸리지 않을 거라고 가정하고 (혹은 그런 미신에 기대어) 전염병 환자들을 돌본 것이 아니다. 오히려 반대였다. 수많은 그리스도인이 전염병에 걸려 목숨을 잃었다. 디오니시우스는 말한다.

> (병자들을 돌본 그리스도인들이) 종종 이웃에게서 병이 옮아 그의 고통을 스스로 짊어지고, 기꺼이 그 아픔을 대신했다. 많은 이가 다른 사람을 간호하며 그의 건강은 회복시키되 자신은 죽음을 맞이했다. 그 죽음을 자신에게로 옮겨온 셈이었다. 이러한 방식으로 우리 형제들 가운데 가장 뛰어난 이들이 세상을 떠났다. (에우세비우스, 「교회사」 7.22)

이는 결코 쉬운 일이 아니었다. 이 이야기에는 낭만이 들어설 자리가 없다. 디오니시우스와 동시대인이었던 카르타고의 주교 키프리아누스 Cyprian of Carthage⁺는 말했다.

> 우리는 죽음을 두려워하지 않는 법을 배우고 있습니다.

그리스도인들은 전염병 환자들을 돌보다 죽음을 맞이한 동료 그리스도인들을 그리워했고, 그들의 공백을 아쉬워했다. 키프리아누스는 교인들을 위로하며 말했다.

> 우리는 그들을 잃어버리지 않았습니다. 다만 우리보다 먼저 떠났을 뿐입니다. 그들은 이곳을 떠나며 우리의 길을 인도했습니다. 그러한 면에서 우리는 애도하기보다는 그들을 여행을 떠난 이들, 항해하고 있는 이들처럼 그리워해야 합니다. (『죽음』De mortalitate, 15절 이하)

애도하지 말아야 한다는 그의 주장에 이의를 제기할 수도 있다. 성서는 죽음 앞에서 애통해하고 애도하는 일을 삶의 기본 요소로 여기기 때문이다. 그러나 그렇다고 해서 그가 전하려는 바를 놓쳐서는 안 된다. 그리스도인을 '병든 사람을 돌보는 이'로 세상에 보낸 이야기, 바로 그 이야기는 죽음을 두려워하지 않도록 그리스도인을 훈련시킨다. 죽음은 결코 최종 승리자가 아니기 때문이다. 사랑하는 이들과 친구들의 부재는 잠시뿐이다. 그리스도께서는 병든 사람, 죽어가는 사람, 죽은 사람 안에 계신다. 이것이 십자가의 현실이다. 그러나 동시에 그분은 죽음의 건너편에서 우리가 그리워하는 이들에게 생명을 주시고 그들을 붙들고 계신다. 그리고 그들을 구하셨듯 우리가 죽음을 맞이할 때에도 우리를 구할 준비를 하고 계신다.

그리스도인들의 돌봄은 생존율에 커다란 영향을 미쳤다. 누군가 심각한 병에 걸렸을 때 물을 마시게 해주고 몸을 씻겨주며 간호하는 경우와 길바닥으로 쫓아내거나 홀로 비참하게 죽도록 버리는 경우 사이에는 생존율에 커다란 차이가 있을 수밖에 없다. 이러한 생존율의 차이는 제국에서 그리스도인의 수가 늘어나는데 기여했다. 그리스도인들이 서로를 잘 돌보아 더 많이 살아남았을 뿐 아니라 그리스도인의 돌봄을 받은 비그리스도인 역시 전염병이 지나간 후 그리스도교 공동체에 합류할 가능성이 높았기 때문이다. 생존자 가운데 많은 수는 가족의 일부, 혹은 전부를 잃었을 것이고 새로운 사랑의 형제자매를 만남으로써 유대감을 다시 세울 수 있었을 것이다.[17] 그렇게 함으로써 살아갈 힘을 얻었을 것이다. 이렇듯 무관심과 방치가 관행과도 같았던 상황에서 그리스도인의 돌봄은 생존자들에게 깊은 인상을 남겼다. 그러나 그리스도인들이 신자 수를 늘리기 위해 그렇게 행동한 것은 아니다. 그들은 전염병에 걸린 사람도 건강한 사람과 마찬가지로 그리스도이므로 돌보고 섬겨야 한다는 확신으로 행동했다. 죽음에 대한 두려움이나 죽음이 방해할 수는 없었다. 결국에는 생명이 승리할 것이기 때문이다.

---

[17] Rodney Stark, *The Rise of Christianity* (Princeton, Princeton University Press, 1996), 4장.『기독교의 발흥』(좋은씨앗).

다행히도 전염병은 고대 사회의 일상이 아니었다. 하지만 질병은 늘 있었다. 초기 몇 세기 동안 기록으로 확인할 수 있는 직업군 중에 그리스도인들이 가장 많이 진출한 직종은 의사였다. 1세기에서 5세기로 갈수록 그 수는 점점 증가했다. 인간에 대한 그리스도교 이해가 뿌리내릴수록 그리스도인들에게 병든 사람을 치료하는 일은 점점 더 매력적인 일이 되었다. 그러나 그렇게 해서 의사가 된 이들은 부유한 사람들만을 그들의 집에서 치료하던 당시 관행과는 전혀 다른 길을 걸었다. 그리스도인들이 처음 돌봄의 장소로 삼은 곳은 수도원의 병실이었다. 그리고 이내 병원을 만들었다.

오늘날 병원은 우리에게 너무나 익숙한 풍경이기에 과거에 '발명'된 시설이라는 사실을 잊어버리기 쉽다. 병원은 질병에 대한 반응으로 자연스레 솟아나지 않았다.

> 그 기원과 구상에서 '병원'은 그리스도교의 독특한 산물이다.[18]

4세기 중반, 카이사리아의 바실리우스Basil of Caesarea⁺는 카이사리아 외곽에 커다란 병원을 세웠다. 이 병원은 당시 가장 유명한 병원이었으며 (어쩌면) 최초의 대형 병원이기도 했다. 바실리우스의 이름을 따 훗날 '바실레이아스'The Basileias라 불린 이곳은 창

---

[18] Gary B. Ferngren, *Medicine and Healthcare in Early Christianity*, 124.

의적이고 여러 목적을 지닌 돌봄 시설이었다. 바실리우스의 친구 나지안주스의 그레고리우스Gregory Nazianzen가 "새로운 도시"라고 불렀던 이곳에는 가난한 사람들, 무일푼의 사람들, 노숙인, 고아, 나병 환자가 각기 다른 구역에서 돌봄을 받았다. 훈련된 의사들과 간호사들이 상주했으며 환자들은 침대와 숙소, 음식, 치료를 제공받았다. 환자들은 치료가 끝날 때까지 머물 수 있었고 비용은 전혀 들지 않았다. 병원은 교회와 나라의 지원을 받았고, 특히 세금 면제 혜택이 큰 몫을 차지했다. 바실리우스는 지방 총독에게 병원은 가난한 사람뿐만 아니라 병든 사람들을 위해 중요한 공공 서비스를 제공하므로 마땅히 나라의 지원을 받아야 한다고 주장했다. 가난한 사람에 대한 사랑이 그러했듯 초기 그리스도인들이 창안한 병원은 이전에 없던 새로운 공공 미덕과 제도를 만들어냈다. 바로 병든 사람을 위한 체계적이고도 포괄적인 의료였다. 나지안주스의 그레고리우스는 나병 환자들을 언급하며 말했다.

> 우리는 더는 죽기 전부터 시체처럼 사지 대부분이 썩어버린 채 도시와 집, 공공 장소, 수로에서 쫓겨난 사람들의 두렵고도 안타까운 모습을 보지 않아도 됩니다. ... 바실리우스는 인간이 또 다른 인간을 멸시해서는 안 된다고, 인간에 대한 비인간적인 태도는 그리스도를 욕되게 한다고 이야기했습니다. (「연설」 Ortiones 43.63)

바실레이아스 이후, 지중해 동부 지역을 중심으로 병원은 빠르게 확산되었고, 결국 서방 지역에도 세워졌다. 어떤 경우든 모두 그리스도인이 세웠다. 교회 안팎에서 이어져 온 오랜 돌봄 전통은 그리스도인들이 알고 있는 '인간에 관한 진리'에 대한 혁신적인 응답을 가능하게 했다. 병원이 없었다면 병든 사람에게서 인간을 보는 그리스도교의 관점이 세상에 구체적으로 드러나지 못했을 것이다. 병원은 '하느님의 형상'을 본다는 것이 무엇인지를 실체로, 공간을 차지한 모습으로 구현했다.

고대 세계의 취약층 가운데서 가장 낮은 자리에 있던 이들은 고아였다. 주변 세계에 영향을 미칠 수 있는 능력 면에서도 가장 낮은 자리에 있었다. 사회에서 부여하는 가치라는 측면에서도 마찬가지였다. 고대 그리스의 일부 도시에서는 전사한 군인의 자녀를 위한 조항을 마련하기도 했지만, 로마 제국 시대에 이르러서는 전쟁으로 부모를 잃은 고아를 위한 법률이나 제도의 보호 장치는 거의 없었다. 잠재적 후견인을 지정하는 게 전부였다. 게다가 전장에서 아버지를 잃은 경우가 아닌 고아는 아무런 보호도 해주지 않았다.

그러한 면에서 이스라엘의 경전들이 하느님을 고아들의 보호자, 고아들이 도움을 구할 수 있는 분, 그리고 그들이 공정하게 대우받도록 보장하시는 분으로 묘사한다는 건 무척이나 놀라운 일이다(출애굽기, 신명기, 이사야, 시편, 잠언 등 다수 본문 참조). 성서의 처음부터 끝까지 돌봄이 필요한 약자들에는 언제나 고아들이 포함되어 있다. 또한 성서 본문에서 누군가 극도로 악함을 묘사할 때는 그가 고아를 학대하거나 죽인다고 이야기한다(이사야, 예레미야, 에제키엘(에스겔), 스가랴, 말라기, 시편, 욥기 등). 유대인들에게는 하느님의 율법에 따라 고아를 돕는 관습이 있었고 특별한 자선 행위도 있었다. 예를 들어 마카베오 가문은 전쟁 전리품을 고아들에게 나누어주고, 그들을 위한 기금을 성전에 따로 두기도 했다(마카베오하 2장 참조). 그러나 대체로 고아에 대한 돌봄은 가까운 가족 구성원들에 의존했다.

고아는 종종 과부와 함께 언급되었다. 고대 세계에서 '고아'orphan는 '아버지를 여읜 아이'를 뜻했다. 아버지가 없는 아이가 고아였고, 남편이 없는 아내가 과부였다. 이들은 아버지/남편이라는 보호자를 잃어 무력해진 이들이었다. 신약성서에서는 야고보의 편지가 이러한 약한 이들을 돌보는 일이 참된 경건임을 강조한다.

> 하느님 아버지께서 보시기에 깨끗하고 흠이 없는 경건은, 고난을 겪고 있는 고아들과 과부들을 돌보아주며, 자기를 지켜서 세속에 물들지 않게 하는 것입니다. (야고 1:27)

안티오키아의 이그나티우스와 「바르나바의 편지」 저자도 야고보의 이 가르침을 당연한 전제로 받아들였다. 이그나티우스는 스미르나에 있는 자신의 적대자들을 "고아를 외면하는 이들"(「스미르나 신자들에게 보낸 편지」Epistula ad Smyrnaeos 6.2)로 묘사했고, 「바르나바의 편지」는 어둠의 길에 있는 사람들을 "고아에 무관심한 자들"(20.2)로 묘사한다. 변증가 아리스티데스는 그리스도인들이 학대하는 자로부터 고아를 구해낸다고 말했으며, 순교자 유스티누스는 공동체의 재산을 고아를 돕는 데 썼다고 증언했고, 테르툴리아누스는 교회가 가난한 사람의 장례를 치르고, 집 밖에 나가지 못하는 노인을 부양하며, 생계가 막막한 고아들을 부양하는 데 재정을 썼다고 말했다(아리스티데스, 「호교론」 15, 유스티누스, 「첫째 호교론」Apologia prima 67, 테르툴리아누스, 「호교론」Apologeticum, 39).

가장 놀라운 주장을 한 사람은 4세기의 인물인 락탄티우스 Lactantius+일 것이다. 그는 아이들의 장래에 대한 염려 때문에 순교를 피해서는 안 된다고 주장했다. 락탄티우스에 따르면 그리스도 안에서 형제자매 된 이들이 순교자의 자녀를 입양해 줄 것이기 때문이다(「거룩한 가르침」Divinae Institutiones 6.12). 존 피츠제럴드John Fitzgerald가 지적하듯 페르페투아와 펠리키타스의 순교 이야기는 3세기에 이미 락탄티우스가 했던 주장의 실제 사례가 있었음을 보여준다. 펠리키타스는 순교했지만, 그녀의 아기는 한 그리스도인 여성("자매")이 입양했다.[19]

3세기에 이르러 고아를 입양하여 기르는 일은 그리스도인들

---

[19] John T. Fitzgerald, 'Orphans in Mediterranean Antiquity and Early Christianity', *Perspectives on the Socially Disadvantaged*, Acta Theologica Supplement Series 23 (2016), 29~48.

사이에 분명하게 자리 잡았다(『사도들의 가르침』Didascalia Apostolorum 17). 이교 사회에서도 가끔 고아를 입양하기는 했다. 하지만 거의 대부분 친척이나 매우 가까운 친구가 하곤 했다. 그러나 그리스도교 신앙은 '고아'라는 새로운 범주를 만들었다. 이제 고아는 어떤 식으로든 혈연 및 지연과 연결되어야 하는 아이가 아닌, 그냥 고아였다. 고아가 존재한다는 그 사실만으로도 누군가는 응답해야 했다. 그래서 교회는 그들을 책임지고 돌보려 했다. 그렇게 함으로써 교회는 성장하기도 했다. 하지만 자선, 병원 설립과 마찬가지로 교회의 목표는 성장이 아니었다. 신자 수가 늘든 줄든, 교회는 자신이 믿는 이야기로부터 그리스도를 대하듯 고아를 돌보아야 한다는 것을 알고 있었다. 시간이 흐르면서, 그리스도인들은 고아를 돌보기 위해서는 좀 더 일정한 체계를 갖추어야 한다는 사실을 깨달았다. 이에 따라 4세기 중반, 그들은 최초의 고아원('오르파노트로페이온'ὀρφανοτροφεῖον)을 설립했다. 이 기관 역시 고대 세계에서 "완전히 독특한, 전례 없는 기관"이었다.[20] 병든 사람과 병원의 경우처럼, 고아 역시 그를 돌보기 위해 세워진 제도, 기관을 통해 세상에서 분명한 존재로 그 모습을 드러냈다.

---

[20] John Fitzgerald, 'Orphans in Mediterranean Antiquity and Early Christianity', 44.

결론

　오늘날에는 제도나 기관을 대놓고 거부하거나 제도 없이도 세상을 살아갈 수 있다고 생각하는 사람이 많다. 하지만 초기 그리스도인들은 자신들의 이야기를 통해, 세상에서 진정 그리스도인답게 살려면 반드시 '제도'라는 틀을 생각하고 세워야 한다고 여겼다. 어떤 면에서 제도의 창조는 그리스도인이 되는 데 없어서는 안 될 요소였다. 그들은 이스라엘의 역사와 예수의 삶에서 질서 없이는 공동체가 번영할 수 없고, 위계 없이는 질서를 유지할 수 없으며 문제가 발생하지 않고 위계가 유지되는 경우는 없다는 사실을 배웠다. 중요한 점은 급속하게 성장하던 교회의 구조가 점점 더 정교해졌고 그러한 구조 자체가 그와 같은 문제를 헤쳐 나가는 방식이었다는 것이다. 그러한 방식을 통해 교회는 생명을 주는 복음을 계속해서 세상에 퍼뜨려 나갔다.

　또한 이를 통해 초기 그리스도교 공동체들은 서로 소통하고, 박해 가운데 어떻게 행동할지를 익히고, 새롭게 쓰인 자료들을 받아들이고, 자선 활동을 펼치고, 감독과 사목적 돌봄을 제공했다. 직제를 포함한 제도는 수십 가지에 달하는 교회의 활동이 발전할 수 있도록 구체적인 길이 되어주었다.

　초기 그리스도인들은 자신들이 부름받은 하느님의 백성이 되기 위해서는 그 백성이 되는 법을 배워야 한다는 사실을, 즉 가르치고 배우는 일이 필요하다는 것을 알았다. 이를 위해서는 단지 가벼운 대화를 나누는 것이 아닌 성서를 해석하는 법을 익히고, 세상을 그리스도인답게 읽고, 그렇게 살도록 돕는 깊은 상상력의 틀을 세우는 일이 필요했다. 달리 말하면 진지한 교육이 이루어져야 했다. 그리고 이러한 교육은 가르치는 사람이 '생각과 실천이 하나 되는 모습'을 보여주고 배우는 사람이 이를 보게 되는 과정을 통해서만 가능했다. 그래서 초기 그리스도인들은 성서를 교회 지도자들의 생각과 생활방식에 깊이 뿌리내리게 하고, 그들이 지식을 보존하고 전수하도록 돕는 제도들을 마련했다.

또한 그들은 참된 인간에 대한 계시를 받았다면 이에 창의적이고 체계적인 방식으로 응답해야 한다는 사실을 깨달았다. 그 이해, 전망을 실현하고 지중해 전역에 전파하려면 구체적인 방법으로 이를 가꾸어야 했다. 다른 사람을 그리스도로 보는 것, 그러한 관점을 따라 모든 사람을 대하는 것은 여러 면에서 급진적인 실천이었다. 왕을 존중하기란 너무나 쉬운 일이다. 그러나 가난한 사람, 고아, 나병 환자, 전염병에 걸린 사람에게서 그리스도를 보고 그를 존귀하게 여기는 일은 차원이 다른 과제다. 그런 이들을 그리스도로 보는 이해는 그들이 그리스도인의 행동을 요구할 권리가 있다는 깨달음과 맞물려 있다. 그리고 그 이해와 깨달음을 삶으로 살아내자 그리스도교의 인간 이해와 전망은 세상의 새로운 가능성이 되었다. 세상에 '새로운 인간'이 공간을 차지했다. 사람들은 그리스도인들의 돌봄 활동과 병원을 보면서 그들이 인간을 어떻게 이해하는지 볼 수 있었다. 그때 처음으로 세상은 '가난한 사람'과 '고아'를 보게 되었다. 그리고 이 사실을 결코 잊지 않았다.

오늘날 우리에게는 초기 그리스도교가 만든 기관과 제도가 너무나 당연해 보일 수 있다. 하지만 그 이유는 우리가 역사의 뒤편에서 이미 지난 일로 이를 바라보기 때문이다. 역사의 반대편에서, 제도와 기관이 생겨난 당시 세상 속에서 이들을 바라본다면 이들은 놀랍기 그지없다. 하느님의 진리가 왜 그토록 연약하고, 곧잘 실망하게 되고, 너무나 자주 실패하는 교회라는 구조를 통해 전달되어야 하는가? 왜 우리는 사람들을 가르쳐야 하는가? 왜 중요한 내용을 배우게 하는 학교와 대학교를 세워야 하는가? 왜 가난한 사람을 돌보아야 하는가? 왜 병원을 세워야 하는가? 왜 고아들을 입양할 수 있는 제도와 기관을 마련해야 하는가?

이제 핵심은 분명하다. 인간에 대한 그리스도교의 이해가 이 세상에서 계속 살아 있게 하기 위해, 오래 이어지게 하기 위해, 세상에 드러내기 위해 그리스도인들은 그 이해를 선포하고 지키는 제도와 기관을 만들었다. 교회가 어떻게 제도와 기관을 만들었는지를 살핌으로써 우리는 하느님께서 예수 그리스도를 통해 드러낸 인간이 구체적으로 어떠한지를 감지하게 된다. 초기 그리스도인들은 그리스도를 증언하기 위해서는 이전에는 한 번도 보지 못했고 예상하지 못했으나, 사실은 모두가 갈망해 오던, 그런 놀라운 제도와 구조를 세상 한가운데 세워야 한다고 믿었다.

그리고 실로 그 제도와 구조들은 그 존재 자체로 그리스도교의 진리를 드러냈다.

제5장

결론

그리스도교가 세상에 들어온 사건은 진실로 놀라운 일이었다. 그리스도교는 세상이 한 번도 본 적 없는 것들을 가져왔고, 시대를 거쳐 하느님의 빛처럼 빛나는 새로운 시각과 전에 없던 삶의 방식을 창조했다. 물론, 그리스도교에도 위선자가 있었다. 그리스도교를 깎아내리는 이들도 있었다. 하지만 그리스도교가 존재한다는 사실, 그리고 역사상 가장 영향력 있는 종교적 삶의 형태로 성장했다는 사실은 그 자체로 경이롭다. 복음의 힘이 하나의 세계를 빚어냈다.

2,000년이 지난 지금도 그리스도교에는 여전히 세상을 놀라게 할 힘이 있다. 그 힘은 남반구와 아시아 지역에서 매일 드러나고 있다. 그리스도교를 안다고 생각하면서 동시에 잊어버린

북대서양 서구 세계에서도 마찬가지다. 그 놀라움의 능력을 회복하는 과제가 매우 중요하다. 그렇게 할 때 놀라운 기회들이 찾아온다. 복음의 능력은 예상치 못한 방식으로 터져 나와 기존 그리스도교 공동체에 새로운 생명을 불어넣고, 인간을 치유하며, 번영을 위한 새로운 길을 연다. 복음은 이 세상을 향해 "주님의 선하심을 입으로 맛보고 눈으로 보라"고 외치며 초대한다.

그리스도교 본연의 놀라움을 회복하기 위해서는 무엇보다도 만물을 아우르는 이야기를 (다시) 익혀야 한다. 그리고 그 이야기가 낳는 인간에 대한 관점을 익혀야 한다. 그리스도인의 삶 전체는 그리스도교가 지닌 거대한 이야기에 대한 감각과 그리스도교가 바라보는 인간상에 달려 있다. 그 감각과 인간 이해를 삶으로 살아냄으로써 그리스도인은 다시금 저 이야기를 풍요롭게 하고, 인간에 대한 그리스도교의 관점과 전망을 더 굳건히 세운다. 물론 그리스도교의 놀라움이 단순히 (재)학습만으로 회복되지는 않는다. 기존에 익혀온 무언가를 벗겨내고, 잊어버리는 고된 과정을 거쳐야 한다. 무엇보다 서구화된 사회에서 무의식적으로 받아들이는 삶에 관한 이야기를 벗겨내야 한다. 이 이야기는 그리스도교의 인간 이해와 전망에 정면으로 맞서는 이해와 전망을 주입한다. 그리고 그리스도인들이 세상에 제시한 인간상을 지키고 자라나게 하는 데 필요한 실천들을 지속할 수 없게 만든다. 우리를 지금의 우리로 만든 이야기를 다시 익히는 일, 그리고 그러지 못하게 만드는 이야기를 벗겨내는 혹은 잊어버리는 일, 이

두 가지가 그리스도교의 놀라움을 회복하는 씨줄과 날줄이 된다. 이제 이 두 작업을 차례로 살펴보겠다.

하느님과 하느님이 아닌 것 – 다시 익혀야 할 이야기

인간의 정체성은 그가 속한 이야기, 혹은 이야기들이 결정한다. 그러므로 우리는 다른 무엇보다 만물을 아우르는 이야기를 익히고 다시 배워야 한다. 그 이야기가 우리에게 요구하는 헌신과 실천이 무엇인지 익혀야 한다. 그렇게 해야 우리는 우리가 누구인지, 세상에서 무엇을 해야 하는지를 기억하고 다시 익힐 수 있다. 그렇게 함으로써 우리는 다시금 그리스도교의 놀라움을 세상에 드러내는 행위자가 될 수 있다. 이 책이 바로 이 이야기를 풀어내는 데 집중했으니 더 많은 말을 할 필요는 없을 것이다. '만물을 아우르는 이야기'란 하느님과 하느님이 아닌 것에 관한 이야기다. 이보다 더 큰 틀의 이야기는 없다. 이 이야기를 포괄하는 더 큰 이야기도 없다. 다른 모든 이야기는 이 하나의 이야기 안에서 말할 수 있다. 어떤 사람들은 이제 '메타 서사'metanarrative, 만물을 설명하는 '단 하나의 이야기로 만물을 설명하는' 시대는 끝났다고 말한다. 그리고 만물을 포괄하는 이야기는 본질상 억압적이며 모든 차이를 억누른다는 주장을 덧붙이기도 한다. 그러나 진실은 인간이 다른 인간을 억압하는 데 '만물을 포괄하는 이야기'가 꼭 필요하지는 않다는 것이다. 안타깝지만 예나 지금이나 어느 문화에서든 그런 일은 별다른 어려움 없이 일어난다. '메타 서사'가 '메타'라는 이유만으로 차이를 억누른다는 주장도 사실과 다르다. 과거와 현재에 걸쳐 전 세계에 나타나는 그리스도교의 다양성만 보아도 이를 쉽게 알 수 있다. 좀 더 분명한 사실은 이른바 '메타 서사는 없다'는 주장도 왜 오늘날 메타 서사가 없는지, 혹은 불필요한지 설명하려는 일종의 메타 서사라는 것이다. 이는 '우리는 보편적 진리를 가져서는 안 된다'는 보편적 진리에 대한 주장일 뿐, 이를 뒷받침하는 근거를 제시하지 않는다. 이러한 자기모순은 종종 눈에 띄지 않으며, 오히려 자기 의로 충만한 훈계와 역사에 대한 무지를 뒤섞어 사태를 더 악화시킨다. 자세히 들여다보면 이는 비평의 가면을 쓴, 서투른 권력 쟁취 시도일 뿐이다. 그리스도교는 언제나 이야기를 지니고 있었다. 세상에 그리스도교의 요소가 남아 있는 한 그 이야기도 함께 있을 것이다.

그리스도교는 처음부터 끝까지 일관된 주장을 펼친다. 외부와 내부에서 상처 입히고 파괴하는 모든 것으로부터 우리를 구원하시기 위해 하느님께서 우리에게 만물을 아우르는 이야기를 주셨다는 것이다. 그리스도인들은 이 이야기를 스스로 발명하거나 발견했다고 주장하지 않는다. 다만 이 이야기를 예수 그리스도의 삶, 죽음, 부활을 통해 일어난 일을 설명하는 길로 받았다고 고백한다.

또한 그리스도인들은 인간이 누구이며 무엇인지를 알기 위해서는 인간을 이 이야기 안에 놓아야 한다고 주장한다. 그리고 이 이야기가 아닌 다른 어딘가에 인간의 정체성을 둔다면 인간에 대한 이해는 왜곡되거나 훼손될 수밖에 없다고 말한다. 더 나아가 그들은 만물을 아우르는 이야기는 단지 골몰해서는 안 되며 삶으로 살아내야 한다고 주장한다. 생각과 삶은 분리될 수 없으며, 이 이야기는 특정 실천을 요구하고 제도를 요청한다. 실천과 제도는 이 이야기를 몸으로 구현하여 세상에 전한다. 그리스도인들이 이 이야기를 삶으로 구현하는 데 실패하고 이를 배반하는 다른 무언가를 세상에 전할 때, 그 증언은 위선이 된다. 하지만 그렇게 위선이 발생했을 때도 증언은 이루어진다. 그리스도인들이 이 이야기를 배반하고 있으나 그럼에도 저 이야기 자체는 진리라고 말이다. 그리스도인들이 자신의 배반을 '배반'으로 인식하는 이유는 자신이 누구이며 세상에서 어떻게 살아야 하는지를 알려주는 바로 그 이야기를 통해 자신의 정체성이 이미 빚어졌기 때문이다.

초기 그리스도인들은 자신들이 거대한 만물을 아우르는 이 이야기 속으로 휘말려 들어갔다고 믿었다. 그들은 이 이야기 안에서 자기 삶의 자리를 찾았고, 세상에서 살아가는 행동 방식을 끌어냈다. 하느님이 아닌 모든 존재는 하느님의 것이기에 그리스도인들은 만물에 관심을 가졌다. 그리고 '하느님을 위하여'라는 원칙에 근거해 '하느님이 아닌 모든 존재'에 헌신했다. 어떤 돌도 뒤집지 않은 채 남겨두어서는 안 되었다. 어떤 구석도 탐구하지 않은 채 방치해서는 안 되었다. 하느님의 빛이 비치는 곳이라면 어디에나 그리스도인들이 있어야 했다.

초기 그리스도인들은 자신들에게 인간다움을 부여해 준 그 이야기를 살아내려 했다. 그 이야기 속에서 인간이 진정 무엇인지 발견할 수 있었기 때문이다. 그 이야기는 그들을 자유케 했다. 어디서든 복음을 선포하게 했고, 로마의 황제 숭배 요구를 거부할 수 있게 했으며, 전염병 가운데서도 죽음을 감수하고 타인을 돌보게 했다. 값비싼 대가를 치르며 서로를 돌보게 했으며, 자신이 낳지 않은 아이를 키우게 하고, 병원을 세우게 하고, 가난한 사람들을 위한 숙소와 고아들을 위한 집을 마련하게 했다. 성서를 읽게 했고, 배움에 시간을 들여 배우게 했다. 이런 일들과 그 밖의 수많은 일을 이 땅에서 눈으로 볼 수 있는 어떠한 보상 없이도 해낼 수 있게 했다. 그들에게 자유란 자기 집착과 자기 보호에서 벗어나는 자유였다. 땅끝까지 그리스도를 섬기고 순종하기 위한 자유였다. 파멸과 죽음을 앞두고도 모든 자리에 선하신 하느님께서 활동하고 계심을 기대하고 희망할 수 있는 자유였다. 예수의 부활은 죽음을 넘어선 미래를 열어젖혔고 그리스도인들은 그 미래를 바라보았다. 그 미래가 현재 한가운데 잠입했다고 믿었다. 그리스도인들의 시선은 영원을 향했고 그럼으로써 지금, 여기서 놀라운 자유를 누리고 힘을 떨쳤다. 그들은 죽음이 치명적인 일격을 가하더라도 결국에는 생명이 승리하리라 믿었다. 그래서 죽음의 권세에 물든 세상 가운데서도 죽음을 두려워하지 않도록 훈련했다. 그렇게 그리스도인들은 어떠한 일이 닥치더라도 세상을 놀라게 할 수 있는 완전한 자유를 지녔다. 그들은 복음, 기쁜 소식을 들었고 나누려 했다. 그리하여 복음이 높은 곳에서든 낮은 곳에서든, 가까운 곳에서든 먼 곳에서든 세상 곳곳을 누볐다.

자율적 개인 – 벗기고 잊어버려야 할 이야기

다시 한번 인간의 정체성은 그가 속한 이야기, 혹은 이야기들의 틀 안에서 결정된다. 그렇기에 오늘날 우리는 다른 무엇보다도, 만물을 아우르는 이야기에 반하면서 커다란 영향력을 발휘하는 이야기를 벗겨내고 잊어버려야 한다. 분명 후기 근대 세계는 여러 이야기의 파편들에 휩싸여 있으며 그 결과 우리도 파편화된 채 살아가고 있다. 그러나 동시에 그 수많은 파편 가운데 인간과 인간의 가능성에 대해 영향력을 발휘해 온 거대한 이야기가 있다. 이 이야기는 인간의 자기 이해와 공동체를 파괴하므로 가장 위험하다. 인간이 진정 누구인지에 관해 본래의 모습이 아닌 다른 무언가라고 끊임없이 다시 정의하기 때문이다. 그 결과, 시간이 흐를수록 인간을 살리고 지탱하는 생명력 있는 실천들이 무너진다. 그러므로 우리는 이 이야기에서 벗어나기 위해 분투해야 한다. 현대인들, 곧 우리 모두가 이 이야기에 사로잡혀 있기 때문이다. 바로 '자율적 개인'autonomous individual이라는 이야기다. 이 이야기는 '나'가 '나'의 주인이며, 태어나면서부터 그 어떤 의무도 지니지 않고 '나'를 위한 법을 선택할 수 있다고 말한다. 이 이야기는 우리를 철저하게 고립된 개인으로 상상하게 만든다. 이때 개인은 본질상 그 무엇과도 연결되지 않은 채 자신이 원하는 삶을 스스로 만들어 가는 존재다. 개인은 본질상 자유로우며 처음부터 자유로운 자리에서 무엇에 애착을 가질지, 무엇에 헌신할지 스스로 선택한다. 자율적 자아가 자발적으로 동의하지 않는 한 외부는 그 무엇도 강요하지 못한다. 자율적 자아가 원치 않는 것을 다른 누군가, 어떤 집단, 정부가 강요한다면 이는 '나'를 침해하는 것이다. '나'와 '내가 선택한 것들의 세계' 사이의 경계가 무너지는 것이며, 외부 침입자들이 내 영토에 들어온 것이다. '나'의 영토는 오직 나만의 것이며 침해받을 수 없다. 나는 이곳의 주인이며 이 안에서 자유롭다.

자율적 개인 이야기가 품고 있는 내용은 너무 많아 다 풀어낼 수조차 없다. 이 이야기는 결국 현대 서구 사회의 모든 복잡한 상태와 얽혀 있기 때문이다. 그럼에도 인간에 대한 이해와 우리가 세상에서 존재하고 활동하는 방식에 영향을 미치는 영향과 관련해 주목해야 할 네 가지 지점이 있다. 자율적 개인의 이야기를 벗겨내고 잊어버리기 위해서는 이 지점들에 집중할 필요가 있다. 이번에도 핵심만 간결하게 살펴볼 것이다.

첫 번째, 자율적 개인의 이야기에 담긴 내용은 '나는 누구인가'를 알게 되는 방식, 더 정확히 말하면 '내가 누구인지를 알게 되는 방식'과 관련이 있다. 이 이야기에서 '나'는 창조주에게 받은 선물을 통해서가 아니라 스스로 묻는 과정을 통해 내가 누구인지 익힌다. 물론 원한다면 다른 사람에게 물을 수도 있다. 하지만 근본적으로 '나'는 그들의 의견에 얽매일 필요가 없고, 마음에 드는 건 취하고 마음에 들지 않는 건 버릴 수 있다. 내가 누구인지에 대한 주장은 내가 그 주장을 '들어도 좋다'고 동의하거나, 들을 의향이 있을 때만 나에게 진리가 된다. 그 주장이 종교적이든, 철학적이든, 관계적이든, 심리학적이든 마찬가지다. 결국 '나'의 정체성에 관한 최종 권위는 오직 나에게 있다. 내가 누구인지는 내가 결정한다.[1]

두 번째는 우리가 공동체를 이해하는 방식과 관련이 있다. 자율적 개인의 이야기에서 공동체는 각자 주권을 가진 개인이 각자 주권을 가지고 다양한 이유로 합의해 모인 집단이다. 이 개인은 자신의 의지 말고는 근본적으로 그 무엇에도 구속되지 않는다. 언제든 '자기 뜻대로' 공동체에 들어가거나 나갈 수 있다. 그래서 오늘날에는 공동체를 흔히 자발적 결사체 voluntary society(라틴어 '볼룬타스'voluntas는 '의지'를 뜻한다)라고 부른다. 물론 개인들은 자신들이 합의한 바가 매우 중요하다고 여길 수 있으며 이에 따라 공동체의 구성원이 되기 위한 일련의 조건들에 자발적으로

---

[1] 사람들은 이렇게 말할지도 모른다. '그래도 나는 타고난 성향이나 환경을 바탕으로 나 자신을 만들어 가는 것 아닌가?' 하지만 '스스로 결정하는 개인'이라는 현대의 신화에서 '나'는 그런 타고난 것들에 얽매일 필요가 없다. 다른 사람들이 자연스럽다고 여기는 것 중 내가 원하는 건 가져가고, 싫은 건 버릴 수 있다는 거다. '태어날 때부터 내성적이야' 혹은 '원래 밝은 성격이야' 같은 말은 언제든 '하지만 난 다른 사람이 되기로 했어'라는 선택으로 바뀔 수 있다.

동의하는, 일종의 '계약'을 맺을 수도 있다. 그러나 자율적 개인 이야기 안에서 이러한 조건들은 인간의 본질적 의무나 더 큰 진리에 따른 무엇으로 여겨지지 않는다. 어디까지나 각자의 의지를 따라 합의하기로 선택한 개인들의 약속일 뿐이다. 그 이상도 그 이하도 아니다.

세 번째는 도덕 질서를 이해하는 방식과 관련이 있다. 자율적 개인의 이야기에 따르면 인간이 지켜야 할 도덕, 누구에게나 예외 없이 적용되는 도덕의 기준은 두 가지뿐이다. 첫째는 자기 자신에게 충실해야 한다는 것이고, 둘째는 모든 개인이 주권을 가지고 있으므로 다른 사람에게 그 무엇도 강요해서는 안 된다는 것이다. 즉, 주권을 지닌 개인을 침해하는 일은 부도덕하다. 그 밖에 주권을 지닌 개인, 곧 자아를 강제하는 도덕 구조란 없다. 그저 다른 개인과 맺은 합의이니 '나'의 의지에 따라 언제든 깨뜨릴 수 있다.

자율적 자아를 넘어서는 도덕 질서가 없다는 이야기는 다른 모든 '도덕'과 관련된 주장들이 참되지 않다는 뜻이다. 그 주장들은 단지 우리 자신(욕망, 선호, 감정, 좋아함, 사랑)의 표현일 뿐이다. 우리는 어떤 주장을 따르고픈 강한 충동을 느낄 수 있고 다른 사람도 우리처럼 생각해야 한다고 믿을 수 있다. 그러나 자율적 개인 이야기를 깨뜨리지 않고서는 '나'의 취향이나 신념을 다른 사람도 따라야 한다고 주장할 수 없다. 설령 내 말과 행동에 많은 이가 동의한다 해도 자율적 개인 이야기에서 그 동의란 일종의 선호일 뿐이다. 그 말과 행동 역시 진리의 표현이 아니라 자기 투영, 자신의 취향과 감정과 선호를 바깥으로 드러낸 것에 지나지 않는다. 어떤 도덕 문제에 합의가 이루어진다 해도 이는 진리에 도달하기 위한 분별의 결과가 아니라 자기 투영들이 서로 동의한 결과일 뿐이다. 개인들의 의견을 넘어서는 진리와는 무관하다. 따라서 어떤 사안에 합의가 이루어진다 해도 '무엇이 옳다', '무엇이 그르다'는 말은 결국 '우리는 무엇이 좋다는 데 동의한다', '우리는 무엇이 싫다고 동의한다'는 뜻 이상이 될 수 없다. 오늘날 공적 담론이 빈곤하고 답답하게 느껴지는 이유는 바로 이 때문이다. 누군가를 그가 원하지 않는 입장으로 끌어들이려 하는 시도는 점점 더 날카롭고 절박한 외침이 되어버렸다. '나'와 다른 입장이거나 입장을 갖지 않은 이들을 '나'는 고함을 질러 비난하고 죄책감을 조장한다. 자율적 개인 이야기가 너무 내면화되었기 때문에 우리는 어떤 논증이나 설득도 강요받기를 원치 않는 사람을 움직일 수 없음을 직감으로 알고 있다. 그래서 오늘날 논쟁과 토론은 서로에게 소리를 지르는 것이 되어버린다. "당신도 이걸 좋아해야 해!" "내 취향이 너의 취향이 되어야 해!" "나는 네가 좋아하는 걸 싫어해!" 승자도 없이 아우성만 이어질 뿐이다.

네 번째는 앞의 세 가지에서 자연스럽게 도출된다. 바로 법의 강제에 의존하는 것이며 이는 결국 힘으로 뒷받침된다. 자율적 개인의 이야기에서는 개인의 의지와 욕망을 거슬러 행동을 끌어낼 어떤 질서가 없다. 세상에 함께 살아가기 위한 조건을 만들어 내는 원리가 존재하지 않는다. 하지만 인간은 언제나 어떤 형태로든 함께 살아갈 수밖에 없고, 대다수는 완전한 무정부 상태를 원하지 않기 때문에 억지로라도 함께 살아갈 수 있는 조건을 만들어 내야 한다. 우리는 다른 사람이 우리 바람대로 선택해주기를 바랄 수 없고, 그들 역시 우리가 그들이 바라는 길을 선택하리라고 믿지 않는다. 희망할 수는 있지만, 그것이 우리가 할 수 있는 전부다. 어떻게든 합의에 도달해 계약이 성립되면, 그 계약을 강제로 지키게 하고 최소한의 사회 질서를 유지하기 위해 법을 만들어야 한다. 자율적 개인의 이야기에서 법률가들이 중요한 위치를 차지하는 이유도 여기에 있다. 합의를 이루더라도 실제로는 구속력이 없는 계약을 집행하기 위해서는 법률가들이 필요하기 때문이다. 즉, 우리는 사람들이 '자율적 개인'으로서는 해야 할 의무가 없는 일을 억지로라도 하게 만들어야 하는 상황에 놓여 있다.

시간이 흐르며 '자율적 개인 이야기'가 점점 더 큰 영향력을 미침에 따라 법률가의 수와 활동 범위도 확대되었다. 법조계가 팽창하고 사람들이 계약을 맺는 모든 영역에 법률가들의 손길이 닿게 된 현실은 자율적 개인들이 계약을 지키며 살려 한다면 당연히 나타날 수 밖에 없는 현상이다.

법, 그리고 법을 뒷받침하는 강제력은 자율적 개인의 이야기를 믿는 사회가 무너져 내리는 것을 막기 위한 수단으로 이해되고 그렇게 쓰인다. 바로 그렇기에 현대 사회는 언제 어디서든 법률가가 필요하다. 이 이야기가 전제하는 인간 이해에 따르면, 최소한으로나마 사회 유대가 작동하려면 곳곳에 법률가가 있어야 하기 때문이다.

지금까지 자율적 개인의 이야기가 품고 있는 내용 네 가지를 살펴보았다. 법과 강제력에 이르면 우리는 이 이야기와 이 이야기에서 비롯된 사회가 안고 있는 근본적인 어려움을 감지할 수 있다. 법과 강제력에 의존하는 현실은 결국 자율적 개인의 이야기가 정문에서 내쫓은 것들이 결국 뒷문을 통해 다시 밀어닥치고 있음을 보여준다. 자율적 개인의 이야기는 '누구도 내가 원하지 않는 것을 강요할 수 없다'고 말하지만, 그 이야기로 구축된 사회는 사람들을 강제하지 않고서는 유지될 수 없다. 이 이야기는 "강요할 수 없다"고 말하면서 결국 "강요하지 않으면 안 된다"고 개인들에게 요구한다.[2] 이 강요와 강제의 문제는 '인간은 자율적 개인이다'라는 이야기 안에 있는 두 가지 깊고 지워지지 않는 모순을 드러낸다. 첫째, 엄밀히 말해 자율적 개인은 자신이 원하지 않은 이야기를 갖지 않는다. 자율적 개인은 오직 자신이 선택한 이야기만을 '자신의 이야기'로 갖는다. 그런데 여기서 모순이 생긴다. 자율적 개인에 관한 이야기는 이미 받아들여

---

[2] 오늘날 법원 제도가 과부하되고 지연되는 까닭은 도덕적으로 중대한 사건들이 쌓여 있기 때문이 아니다. 자율적 개인들로 이루어진 사회에서, 우리가 다른 사람에게 무언가를 하도록 강제할 수 있는 수단이 오직 법적 절차밖에 없기 때문이다.

진 전제라는 것이다. 즉 '내가 나의 주권을 지니고 있으며 내 이야기를 선택한다'는 이해 자체가 이미 주어진 이야기다. 자아가 어떤 종류의 자아인지에 대한 이야기는 '나'가 스스로 선택하지 않았다. 그 이야기가 '나'가 처음부터 주권을 지닌 존재로 자신을 인식하게끔 만든 것이다. 자율적 개인이 자기 자신에 대해 되뇌는 이야기는 이미 받아들인 이야기, '어떤 자아가 자기 이야기를 스스로 만들어 낼 수 있는가'라는 더 근본적인 이야기에 의존한다. 자율적 개인은 자신에게 아무것도 주어지지 않았다고 주장하지만, 그 전체 그림 자체가 주어진 것이다. '자율적 개인에게는 아무것도 주어지지 않았다'는 주어진 이야기 속에서 살아가는 셈이다.

자율적 개인의 이야기가 지닌 두 번째 모순은 이렇다. 이 이야기에 따라 '나'도 자율적 개인이고 '너'도 자율적 개인이면, '나'는 '너'에게 아무것도 강요할 수 없고, '너'도 '나'에게 아무것도 강요할 수 없다. 그런데 예외가 하나 있다. 바로 '내가 원하지 않는 것을 나에게 강요하지 말라'고 강요하게 되는 것이다.

이를 설명하기 위해 초기 그리스도인들이 중시했던 한 가지 일, 가난한 사람들을 돌보는 일을 예로 들어보겠다. 누군가가 나에게 가난한 사람들에게 관심을 가져야 한다고 말하면 나는 그럴 이유가 없다고 생각한다. 그리고 그런 주장 자체를 '무엇에 관심을 가질지 선택할 나의 자유'에 대한 강요이자 침해로 받아들인다. 그래서 나는 그에게 그만하라고, 나를 내버려 두라고 말한다. 즉, 나에게 강요하지 말라는 요구를 그에게 강요하는 셈이다. 그런데 상대방 또한 그 자신의 자율성을 근거로 내 강요를 거부하면, 그래서 그 역시 '너도 나에게 어떠한 것도 강요해서는 안 된다'는 법을 강요하려 하면, 나는 또다시 이를 거부하고 그에게 강요하려 할 것이다. 그리고 이 싸움은 끝없이 이어질 것이다.

각 강요가 주권을 지닌 자아로서 개인이 지닌 자유를 부정하는 것이듯 각 거부 역시 다른 사람의 자유를 부정하는 것이다. 자율성 때문에 자율적 개인은 다른 사람들과의 관계 속에서 강요와 거부를 되풀이하는 악순환에 빠지게 된다. 세상에는 두 사람 이상이 존재하고, 그들은 어떤 방식으로든 관계를 맺어야 한다. 그러는 한 '어떠한 강요도 없는 상태'는 실제 삶에서 결코 실현될 수 없다.

두 모순이 의미하는 바는 분명하다. '자율적 개인'의 이야기는 함께 살아가는 삶을 떠받칠 수 없다는 것이다. 이 이야기는 결국 무너지고 실패할 것이며, 우리가 함께 살아가기를 바랐던 삶은 와해될 것이다(실제로 우리는 지금 그 실패의 전조를 목격하고 있다).[3] 그럼에도 불구하고 이 이야기는 여전히 현대 서구 세계의

---

[3] 이러한 인간학의 전제 위에 세워진 철학으로서 자유주의는 결국 실패할 수밖에 없다. 우리는 지금 바로 그 실패를 목격하고 있다. 수많은 '나'와 '나 중심' 집단들이 우리가 오랫동안 공유해 온 공동의 유대를 파괴하고 있기 때문이다. 이에 어떤 이들은 지금은 철저하게 물러설 때라고 주장한다(알래스데어 매킨타이어Alasdair MacIntyre, 『베네딕트 옵션』Benedict Option 등). 그러나 전체적으로 볼 때 초기 그리스도인들은 세상에 그리

밑바탕을 이루고 있는 이야기, 인간에 관한 가장 강력한 이야기다. 이 이야기는 중독성이 있으며 치명적이다. 중독성이 있는 이유는 내가 내 삶을 스스로 결정할 수 있으며 내 선호를 넘어선 어떤 것에도 구애받지 않고 나를 짓누르는 의무들을 벗어던질 수 있기 때문이다. 내가 누구인지, 무엇이 되고 싶은지, 무엇을 하고 싶은지 스스로 결정할 수 있고 내 길을 갈 수 있다는 생각이 주는 짜릿한 자유의 감각, 황홀하기까지 한 자유의 감각이 이 이야기에 있다. 이 달콤한 이야기가 치명적인 이유는 하느님 없이도 나를 사랑할 수 있고, 그분의 인도 없이도 살 수 있다고 약속하기 때문이다. 실제로 이 이야기는 결국 '나'를 나 자신에게 온전히 맡긴다. 다시 말해, 아무도 없는 공허 속에 홀로 남게 되는 것이다.

그리스도인들이 자율적 개인이라는 이야기를 벗겨내고 잊어야 하는 가장 간명한 이유는 이 이야기가 결국 만물을 아우르는 이야기를 '나 자신에 관한 이야기'로 바꾸어 버리기 때문이다. 만물은 내가 나라고 여기는 자아 속으로 빨려 들어간다. 나 자신

스도를 전하는 데 훨씬 더 헌신했던 것으로 보인다. 또 다른 현대 사상가들은, 우리는 몇 가지 중요한 사안들에 합의함으로써 공동의 삶을 만들어 갈 수 있다고 주장한다(제프리 스타우트Jeffrey Stout 등). 그러나 이 입장은 순진하다. 합의라는 것이 결국에는 사람들의 마음이나 생각은 물론, 행동까지 강제해야 하는 국면에 이르게 된다는 점, 즉 힘이 불가피하게 개입한다는 점을 외면하기 때문이다. 그리스도인들은 어느 특정한 철학에도 매여 있지 않다. 우리는 그리스도인으로서 세상 속에서 지혜롭게 살아갈 자유를 지니며, 그로 인해 따르는 결과를 기꺼이 감수한다.

이 아닌 모든 것이 나에게 종속된다. 나는 나 자신만의 주인이 아니라 나와 관련된 모든 것의 주인이 된다. 그렇게 나는 나 자신을 신으로 만들어 버린다. 하느님께 속한 주권을 자율적 개인의 이야기는 인간 개인에게로 옮긴다. 이 이야기에서 내 인생의 신은 '나'이며, '나' 홀로 충분하다. 내가 누구인지는 내가 결정하고, 그 무엇보다도 내가 내 삶을 내 마음대로 꾸려가는 자유를 방해하지 못한다. 이는 가장 근본적인 우상숭배, 하느님의 형상을 뒤집는 것이다. 이 이야기에서는 하느님이 내 안에 당신의 형상을 새기시지 않는다. 오히려 내가 하느님의 형상을 취해 나 자신을 하느님으로 만들어 버린다. 그렇게 함으로써 나는 세상에 나 자신을 새기는 신이 된다.

또한 자율적 개인 이야기는 인간을 근본적으로 관계를 거부하는 존재로 만들어 버린다. 물론 '나'는 내가 원하면 누군가와 관계를 맺기로 선택할 수 있다. 그러나 결국 이 이야기는 내가 아닌 다른 모든 사람을 내 자율성을 위협하는 잠재적으로 내 자율성을 위협하는 적으로 만든다. 그들의 존재 자체가 이미 나에게 간섭이 되기 때문이다. 이 이야기 틀에서 '나'와 '너'는 끊임없는 간섭과 강요 속에 갇히며 어떠한 식으로든 서로에게서 완전히 벗어났을 때(서로로부터 자유로울 때) 비로소 '진정한 나'가 된다고 여긴다. 관계를 거부하는 자아의 끝은 비극이다. 서로의 존재를 위협으로 여긴 끝에 우리는 서로에게 버림받는다. 서로에게 다가갈 수 없게 된다. 우리는 '진짜 나'를 찾으려다 우리의 공통

된 인간성을 잃어버린다.

함께 놓고 보면, '나'를 한편으로는 하느님으로 만들고, 다른 한편으로는 고립된 '나'로 만드는 이 이야기는 참된 하느님과 참된 인간을 거부하는 이야기이다. 우리가 이 이야기를 따라 살 때 세상에 줄 수 있는 놀라움은 아무것도 남지 않는다. 세상은 자신을 높이고, 다른 사람을 무시하거나 그가 사라지기를 바라고, 버림받고, 하느님 없이 살아간다는 것이 어떤 것인지 이미 (너무나 잘) 알고 있다.

놀라움

초기 그리스도인들은 하느님 없이 사는 삶을 상상할 수 없었다. 그들은 자신들이 모든 시대를 위한 선물을 받았다고 믿었다. 그 선물을 모두와 나누어야 한다고 믿었다. 신약성서와 그 직후 그리스도교 문헌을 읽어보면 그들이 웃고, 즐거워하고, 치유와 변화를 신뢰하며 생명이 만물의 바탕에 깔려 있음을 알아 기뻐함을 감지할 수 있게 된다. 세상에 내놓을 무언가를 가지고 있다는 설렘이 곳곳에서 느껴진다. 창조적인 시도를 하고, 위험을 감내하고, 실패하더라도 다시 일어서는 모습을 분명하게 엿볼 수 있다.[4]

---

[4] 다음을 참조하라. Kim Tan, Brian Griffiths, *Social Impact Investing: New Agenda in Fighting Poverty* (London: Transformational Business Network, 2016). 제시된 사례 중 상당수는 초기 그리스도인들이 기꺼이 감수했던 바로 그 종류의 '위험'을 잘 보여준다.

하느님께서 온 세상 가운데 활동하고 계신다고 믿었기에 초기 그리스도인들은 어떤 경계도, 한계도 두지 않았다. 하느님의 형상이 모든 사람 안에 있음을 알았기에 누구든 초대했고, 초대를 거절하는 이들도 돌보았다.

초기 그리스도인들은 이내 어떤 도시나 어떤 이웃도 하느님에게서 멀리 떨어져 있지 않으며, 그렇게 여길 필요가 없음을 깨달았다. 로마 관리는 복음이 닿기에 너무 커다란 권력을 지니고 있어 다가갈 수 없다고 생각하지 않았다. 어떤 가난한 주정뱅이도 결코 구제 불능의 존재가 아니었다. 어떤 버림받은 아이도 홀로 버티게 할 수 없었다. 어떤 병든 사람도, 힘없는 사람도 홀로 고통받으며 죽어서는 안 된다고 생각했다. 초기 그리스도인들은 세상의 고통 한가운데 있어야 했고, 사람들의 필요를 세심히 살펴야 했으며 복음의 진리를 삶으로 살아내기 위해 온 힘을 다해야 했다. 그리고 그런 신실함 가운데 하느님께서 열매 맺으시리라 기대했다. 그들은 어디를 가든 확신과 기대를 품고 있었다. 그들은 복음의 이야기를 알고 있었고, 그 이야기가 인간의 삶에 어떠한 힘을 불러일으키는지 잘 알고 있었다. 그 힘이 예루살렘, 사마리아, 안티오키아, 카이사리아, 키프로스, 에페소, 필립비, 루스드라, 갈라디아, 데살로니카, 아테네, 로마, 에데사, 두라 에우로포스, 알렉산드리아, 스페인, 그리고 그 너머에서 활동하는 모습을 보았다.

그들의 영향력은 눈에 띄지 않을 정도로 미미했던 수준에서 순식간에 거대한 규모로 확장되었다. 초기 그리스도인들은 원래 함께할 이유가 전혀 없거나, 심지어 함께하지 말아야 할 이유가 있던 사람들을 한 데 불러 모았다. 그리고 전혀 다른 이들을 하나의 지붕 아래 품을 수 있는 창조적인 공동체와 제도들을 만들어 냈다. 그리스도 안에서, 그리스도를 통해 이루어진 그들의 일치는 인간이 무엇인지 보여주었고, 삶의 다양한 경계를 뛰어넘어 예상치 못한 연대를 만들어 냈다.

그리스도인들은 너무나도 다양한, 서로 어울리지 않을 법한 사람들로 뒤엉켜 있는 집단이었다. 로마 총독과 농부, 병든 사람과 건강한 사람, 가난한 사람과 부유한 사람, 교양 있는 사람과 무지한 사람, 유대인과 이방인까지 모두가 함께했다. 그들 모두가 변화되고 있었고, 새롭게 빚어지고 있었다.

생계를 위해 어떤 일을 했든, 어떤 정치 성향을 보였든, 어떤 과거를 가졌든 상관없었다. 초기 그리스도인들은 그들 모두를 모아 하나의 가족을, '그리스도 안에서 형제자매'인 가족을 이루려 했다. 이 가족은 지중해 전역에 흩어져 있었지만, 예루살렘에서 로마를 넘어 더 먼 지역에 이르기까지 긴밀하게 소통했고, 지도 체계를 갖추었으며, 성사, 전례, 일상의 실천을 통해 하나를 이루었다.

바로 이틀 치가 그들에게 정치적 기반과 정체성을 주었고, 지배, 동화 혹은 해체의 위협에 맞설 힘을 주었다. 개인으로든, 집단으로든 그들만으로는 거세게 몰아치던 거대한 문화의 흐름을 버터내지 못했을 것이다. 그렇게 빠르고 효과적으로 성장하지도 못했을 것이다. 물론 그들 사이에도 다툼은 있었다. 사람이 둘 이상 모이면 늘 다툼은 생기니 말이다. 하지만 외부 세계가 보기에 그들은 하나의 이름, 다채로운 외양과 실천과 정치적 태도에 어울리는 단 하나의 이름을 가지고 있었다. 바로 '그리스도인'이었다.

초기 그리스도인들은 수많은 장애물과 맞닥뜨렸다. 배척당했고 박해받았다. 사회에서 낙인이 찍히기도 했다. 내부에는 갈등이 있었고 일탈하는 사람도 있었으며 자원도 턱없이 부족했다. 그러나 그들은 물러서지 않았다. 그리스도께서 이미 그렇게 될 것이라고 말씀하셨기 때문이다.

> 가거라. 내가 너희를 보내는 것이 양을 이리 가운데로 보내는 것과 같다. (루가 10:3)

> 보아라. 내가 너희를 내보내는 것이, 마치 양을 이리 떼 가운데로 보내는 것과 같다. 그러므로 너희는 뱀과 같이 슬기롭고, 비둘기와 같이 순진해져라. (마태 10:16)

그래서 그들은 지혜로워지려고 애썼다. 공동체가 어떻게 자라야 가장 좋은 열매를 맺을 수 있을지 그 구조를 세심하게 설계했고, 받아들일 수 없는 것을 받아들이라는 문화의 압박에 어떻게 맞설지 깊이 고민했다. 그들은 성서에 바탕을 둔 상상력을 키웠고, 신자들에게 건전한 가르침을 가르쳤으며, 오래 이어질 제도들을 세웠다. 그리고 이를 지도 체제, 끊임없는 소통, 광범위한 여정, 공동의 사명과 연결함으로써 하나의 큰 생태계를 구축해 나갔다.

한마디로 초기 그리스도인들은 희망의 백성이었다. 그들은 죽음에 승리를 거두신 하느님의 능력을 목격했다. 그 능력이 공동체와 제도를 통해 세상에서 실제로 작용하고 있음을 보았다. 이 공동체와 제도는 복음을 선포할 뿐 아니라 독특한 실천으로 구현했다. 그들은 세상이 복음에 완강하게 저항한다는 냉혹한 현실 앞에서 위축되지 않았다. 그렇다고 해서 자신들이 기쁜 소식을 전하고 하느님께서 사랑하시는 사람들을 사랑하려 애쓴다는 이유를 들어 모든 일이 잘될 것이라고 기대하지 않았다. 대신 그들은 모든 일이 이 세상에서 어떠한 결과를 낳든 예수를 죽은 자 가운데서 일으키신 하느님의 능력이 자신들이 하는 일 가운데서도 일하고 있다는 확실한 희망을 붙들었다. 그렇기에 복음이 요구하는 일이라면 무엇이든, 누구와도 자유롭게 감당할 수 있었다.

싱가포르 교도소 한가운데 수감자들에게 출소 후 필요한 기술을 가르쳐주는 시설이 필요하다면, 그렇게 복음이 실제로 어떻게 움직이는지 보여주려 했다면 그들은 기꺼이 시설을 지었을 것이다. 인도네시아나 케냐의 빈민가 한복판에 위생 사업이 필요하다면, 초기 그리스도인들은 주저하지 않고 그 사업을 벌였을 것이다. 캄보디아, 베트남, 그리고 그 밖의 지역에서 폭력으로 상처 입고 쫓겨난 여성과 아이를 환대하고, 그들에게 안전과 치유를 제공하며, 미래를 위한 역량을 길러주어야 했다면 초기 그리스도인들은 마땅히 그렇게 했을 것이다.

 마약과 술, 감옥으로 인해 무너진 이들의 삶을 다시 세울 기회를 보았다면, 그리고 그리스도인 멘토와 함께 그들이 집을 짓게 할 수 있다면 초기 그리스도인들은 기꺼이 그 일에 뛰어들었을 것이다. 갱단에 속한 사람들이 폭력에서 벗어나 다른 삶으로 나아갈 수 있다고 믿었다면, 초기 그리스도인들은 그들을 사랑했을 것이다. 도시 빈민가나 가난한 시골에서 교육을 통해 사람들의 삶을 바꿀 수 있다고 믿었다면, 그들은 교사를 세우고 교육에 나섰을 것이다. 법의 영역이 인간을 세우고 보호하는 데 매우 중요하다고 판단했다면, 그들은 재능 있는 법률가를 양성해 그 일에 투입했을 것이다. 법학 교육이 법률가의 성품과 방향을 결정짓는다고 보았다면, 미래의 교수가 될 이들이 법 교육 현장으로 가도록 과정을 만들고 일을 맡겼을 것이다. 판사가 법과 그 적용 사이를 잇는 중요한 경첩이라는 사실을 알았다면, 법률가들을 지혜로운 판사로 성장시키는 교육을 실시하고 그들을 그 일에 투입했을 것이다. 죽음을 두려워하지 않고 고칠 수 없는 환자나 연약한 사람들을 외면하지 않는 의사가 필요하다고 보았다면, 그런 의사들을 길러내고 실제 현장에 배치했을 것이다. 환자를 단순히 고장 난 기계 부품처럼 다루는 이들이 아닌 온전한 인간을 보는 눈을 가진 이들이 필요하다는 것을 알았다면 의학의 왜곡된 시선을 바로잡는 교육 과정을 만들고 그 교육에 참여한 이들을 일터로 보냈을 것이다.

한정된 자원을 어떻게 하면 가장 잘 활용할지 깊이 사고할 수 있는 경제학자가 필요하다는 사실을 깨달았다면, 그리스도인들은 그들을 불러 함께 일했을 것이다. 어려운 문제에 창의적인 해법을 제시할 수 있는 기업가와 경영 전문가가 필요하다고 믿었다면, 그들을 참여시켜 일하게 했을 것이다. 인간성을 해치는 관습들과 흐름들 앞에서 유대인이나 다른 종교 전통에 속한 이들과 손잡음으로써 인간에 대한 이해와 전망을 지켜 낼 기회를 보았다면, 초기 그리스도인들은 기꺼이 그들에게 다가가 손을 맞잡고 함께 일했을 것이다. 인간의 정체성에 관한 환원주의적이고 세속화된 설명, '자율적 개인'의 이야기를 거부하는 데 있어 유대교 및 다른 종교 전통도 뜻을 같이한다고 분별했다면, 그 유대를 강화하고 함께 일했을 것이다. 교회에서 사목자의 소명을 갖게 된 이들이 있다면, 그들은 크게 기뻐하며 격려하고 지도해 깊이 있는 신앙을 익히도록 기꺼이 학교에 보냈을 것이다.

최초의 그리스도인들이 세상에 던진 놀라움의 바탕에는 무엇보다도 그리스도인이 되고자 하는 열망, 그 삶을 세우고 가꾸려는 열망이 있었다. 그들은 자신들이 받은 선물을 세상 한가운데서 살아내기 위해 누구와도, 무엇과도 기꺼이 함께하고자 했다.

'나는 나 자신을 위해 살고, 인간은 결국 혼자다'라는 감각은 그들에게 전혀 자리하지 않았다.

그들은 자신들이 자기보다 훨씬 더 큰 일에 휘말려 있다고 믿었다. 서로 가족으로 엮여 있고, 세상은 자신들이 줄 수 있는 것을 갈망하고 있으며, 사람들이 자신들과 함께하리라 생각했다. 모두가 평생을 바쳐도 아깝지 않을 흥분에 가득 찬 사명을 나눌 수 있다고 믿었다. 무엇보다 그들을 가장 크게 움직인 믿음은 이것이었다. 그들은 생이 끝난 뒤에도 함께 할 것이며, 마침내 주님을 그분의 형상만이 아니라 얼굴과 얼굴을 맞대고 보게 되리라고 믿었다.

이 이해와 전망, 그리고 이에 수반되는 목적과 열정을 회복하는 데에는 시간이 걸린다. 배움을 서둘러서는 안 된다. 잘못 익힌 것을 벗겨내고 잊어버리는 일도 서둘러서는 안 된다. 우리는 인내하면서 창의적으로 깊이 있게 나아가야 한다. 세상에서 그리스도인의 삶을 형성하는 여러 방식에 끊임없이 참여해야 한다. 초기 그리스도인들은 이렇게 가르칠 것이다. 우리가 그리스도의 형상으로서 자신이 되어간다는 것은 세상에서 그 형상의 모습으로 살아가는 것이며, 다른 사람들도 그 의미를 감지할 수 있도록 삶의 방식을 만들어 가야 한다고 말이다.

세상 가운데 망가진 것을 단번에 다 고치려 하거나 좋은 결과만을 약속하며 일에 성급히 뛰어들라는 이야기가 아니다. 오히려 다시 한번 놀라움을 회복하기 위해서는 속도의 지배를 받는 이 세상에서 속도를 늦추고 천천히 전통이 지닌 풍요로운 지혜를 곱씹고 상상력을 훈련하며 다양한 장에서 이를 훈련해야 한다. 교육을 통해, 사목활동을 통해, 돌봄을 통해, 수 세기에 걸쳐 그리스도교 신앙과 실천이 전해준 인간 이해와 전망에 공감하는 다양한 집단들과의 연대를 통해서 말이다.

그리스도교의 놀라움은 사회의 케케묵은 문제를 일거에 해결하는 정답을 제시하는 데 있지 않다. 막대한 사회 정책을 거룩해 보이게끔 꾸며주는 것도 아니다. 그리스도교의 영향에서 우리를 멀어지게 하는 시대의 흐름을 거꾸로 돌려 과거의 그리스도교 문화로 복귀하는 것도 아니다. 그리스도교의 참된 놀라움은 그리스도인들이 이처럼 복잡하고 난해한 세상 한복판에서 기쁜 소식을 전하고, 쇠퇴와 죽음을 마주하면서도 세상에 희망을 주는 삶을 살아낼 수 있다는 것이다. 그 희망은 사회 질서가 무너지는 와중에도 살아계신 하느님께서 새롭게 창조하시고 놀랍게 일하시리라는 기대를 낳는다. 그 희망이 저 미래에 기댄 사유와 실천을 낳는다. 그렇게 그리스도인들은 세상에서 주님의 선하심을 사람들이 입으로 맛보고 눈으로 보게 되는 그리스도의 길이 된다.

요컨대 그리스도교는 인간에 대한 세상의 이해에 맞서는 하나의 대안 이론이나 신속한 행동 계획이 아니다. 그리스도교의 놀라움은 그런 데서 비롯되지 않는다. 희망 위에 세워진 다른 삶의 방식이야말로 그리스도교를 놀랍게 만든다. 궁극적으로 바로 이 희망 때문에 무슨 일이 닥치든, 우리 안에 계신 그리스도, 곧 이 땅을 살아가는 모든 인간 안에 계신 그리스도를 증언함으로써 우리는 세상을 놀라게 할 수 있다.

| 인물 색인 및 소개 |

ㄱ

그레고리우스, 나지안주스의 Gregory of Nazianzus(329?~390) 166
카파도키아의 나지안주스 출신의 주교이자 신학자, '신학자'라는 칭호를 부여받은 소수의 교부 가운데 한 사람이다. 아테네에서 바실리우스와 함께 수학하며 깊은 우정을 나누었고, 이후 동방 교회의 삼위일체 신학을 정립하는 데 핵심적인 역할을 했다. 바실리우스, 니사의 그레고리우스와 더불어 '카파도키아 교부들'로 불리며, 특히 성령의 신성을 분명히 천명하고 삼위일체 이해를 정교하게 발전시켰다. 379년 콘스탄티노폴리스 주교로 추대되어 아리우스주의가 득세한 교회를 바로잡았고, 이때 행한 신학 연설은 삼위일체 교리의 고전으로 남아 있다. 한국에는 『삼위일체에 대한 다섯 개의 신학적 연설』(KIATS)가 소개된 바 있다.

ㄷ

디오니시우스, 알렉산드리아의 Dionysius of Alexandria(190?~264?) 161, 162
'대大 디오니시우스' Dionysius the Great라고도 불리는 알렉산드리아의 주교. 오리게네스의 제자로서 알렉산드리아 학파 전통을 계승한 신학자다. 뛰어난 행정 능력과 온건한 성품으로 박해와 내분 속에서 교회를 이끌었으며, 데키우스 박해 시기에는 박해를 피해 도피하면서도 교인들과 서신으로 긴밀히 소통하여 신앙을 격려했다. 교회의 분열을 봉합하기 위해 노바티아누스 분파와 대립하며 일치를 도모했고, 부활과 성찬, 교회의 권위 문제에 관한 중요한 서신들을 남겼다. 그의 저술은 대부분 단편으로만 전하나, 초기 교회가 교리와 제도, 사목과 관련된 문제에 대응해 나간 과정을 잘 보여주는 귀중한 자료로 평가받는다.

ㄹ

락탄티우스 Lactantius(250?~325?) 169
북아프리카에서 태어난 수사학자이자 그리스도교 변증가. 카르타고에서 수사학을 공부하고 교사로 활동하다가 로마 황제 디오클레티아누스의 궁정에서 라틴 수사학 교수로 임명되었으나, 그리스도교 신앙으로 개종한 뒤 곤궁을 겪었다. 이후 콘스탄티누스의 아들 크리스푸스의 교육자가 되어 황실과 밀접한 관계를 맺었다. 그의 대표작 『거룩한 가르침 개요』 Epitome Divinarum Institutionum 은 이교 철학과 종교를 비판하고 그리스도 신앙의 진리를 변증한 저술이다. 또한, 박해 시기와 콘스탄티누스의 종교 정책을 다룬 글들을 통해 전환기의 교회 상황을 생생하게 보여주며, 중세 초기까지 널리 읽히며 서방 신학의 형성에 기여했다.

로와지, 알프레드 Alfred Loisy(1857~1940) 124
프랑스의 로마 가톨릭 사제이자 신학자, 역사학자. 파리 가톨릭대학교에서 히브리어와 성서학을 가르쳤는데 고고학 결과를 교회사 연구에 적용하는 데 선구적인 역할을 한 뒤셴 L. Duchesne의 영향을 받아 성서에 역사비평 방법론을 적용할 것을 주장하다 교수직을 박탈당했다. 1902년 출간한 『복음과 교회』 L'Évangile et l'Église는 로마 가톨릭 교회의 금서 목록에 올랐으며 1907년 교황 피우스 10세는 그를 견책했으나 이에 순종하지 않아 파문되었다. 1909년부터 31년까지 콜레주 드 프랑스에서 종교사를 강의했다.
주요 저서로『이스라엘의 종교』La religion d'Israël,『그리스도교의 탄생』La naissance du christianisme,『신약성서의 기원들』Les origines du Nouveau Testament 등이 있다.

루키아노스Lucian(120?~180?) 154

시리아 사모사타 출신의 수사학자이자 풍자 문학가. 본래 조각 수업을 받다가 수사학으로 전향해 교사 활동을 하며 명성과 부를 얻고 아테네에 정착해 예리한 풍자와 냉소적 유머를 담은 문학 작품을 남겼다. 특히 신화와 철학자들을 희화화하며 인간의 허위와 허영을 드러냈는데,『진실한 이야기』A True Story는 허구와 상상력을 과감하게 활용하여 최초의 공상과학 소설로 평가받기도 한다. 그리스도교에 대해서는 회의적이고 비판적인 태도를 보였으며,『페레그리노스의 죽음』에서 초기 그리스도인 공동체를 조롱하는 서술을 남겼다. 한국에는『진실한 이야기』(아모르문디)가 소개된 바 있다.

ㅂ

바실리우스, 카이사리아의Basil of Caesarea(330?-378?) 165, 166

'대大 바실리우스'Basil the Great, 카파도키아의 카이사리아 출신의 주교이자 교부. 니케아 신경을 충실히 계승한 삼위일체 신학의 옹호자로, 아리우스주의 논쟁 속에서 성령의 신성을 분명히 천명하여 후대의 니케아―콘스탄티노폴리스 신경에 이르는 신학 정립에 큰 역할을 했다. 수사학과 철학에 정통했으며, 아테네에서 공부할 때 친구였던 나지안주스의 그레고리우스, 동생 니사의 그레고리우스와 더불어 '카파도키아 교부들'로 불린다. 교회의 전례와 수도원 제도의 규범을 정비하여 동방 수도원 전통의 기초를 놓았고, 가난한 이들을 돌보기 위한 구호 기관을 세워 실천적 사랑을 보여주었다. 그의 설교와 논저는 교회론, 성사 이해, 수도 규율, 사회 윤리에 이르기까지 폭넓은 영향을 끼쳤으며, 동방 정교회와 서방 가톨릭 교회 모두에서 교부이자 성인으로 공경받는다. 주요 저작으로 『에우노미우스 반박』Adversus Eunomium, 『성령론』De Spiritu Sancto 등이 있으며 한국에는 『내 곳간들을 헐어 내리라 / 부자에 관한 강해 / 기근과 가뭄 때 행한 강해 / 고리대금업자 반박』(분도출판사)가 소개된 바 있다.

브라운, 피터 Peter Brown(1935~) 155

아일랜드 출신 역사가. 옥스퍼드 대학교 뉴 칼리지에서 고전학을 공부한 뒤 올 소울스 칼리지 프라이즈 펠로우 Prize Fellow로 선출되어 박사과정 없이 곧바로 연구자로서 활동을 시작했다. 이후 로열 홀러웨이 칼리지, UC 버클리를 거쳐 1986년부터 2011년까지 프린스턴 대학교 역사학과 필립과 베울라 롤린스 석좌교수로 활동했으며 현재는 같은 칭호의 명예교수로 활동 중이다. 1971년에는 영국학술원, 1989년에는 미국 인문·과학 학술원 회원이 되었으며 하버드 대학교, 예일 대학교, 옥스퍼드 대학교, 케임브리지 대학교, 시카고 대학교 등에서 명예박사 학위를 받고 2008년 미국 의회 도서관이 수여하는 존 W. 클러지 상을 받았다. 후기 로마 시기를 단순한 쇠퇴의 시기가 아니라, 새로운 종교적 상상력과 사회질서가 형성된 창조의 시기로 재정의함으로써 후기 고대사 연구라는 새로운 지평을 연 역사가로 평가받는다.

주요 저서로 『후기 고대 세계』The World of Late Antiquity, 『몸과 사회』The Body and Society, 『보물을 하늘에』Treasure in Heaven, 『기독교 세계의 등장』The Rise of Western Christendom(새물결) 등이 있으며, 『아우구스티누스』(새물결), 『성인숭배』(새물결), 『마침내 그들이 로마를 바꾸어 갈 때』 등이 한국에 소개된 바 있다.

ㅇ

에우세비우스, 카이사리아의 Eusebius of Caesarea(263?-339) 139, 140, 162

카이사리아에서 활동한 주교이자 교회사 저술가로, 콘스탄티누스 대제와 밀접한 관계 속에서 그리스도교와 제국의 새로운 관계를 신학적으로 정당화한 인물로 널리 알려졌다. 초기 교회의 순교 전통과 황제의 섭리를 연결지은 『교회사』Historia Ecclesiastica와 콘스탄티누스에 대한 찬사인 『콘스탄티누스 생애』Vita Constantini 등은 그리스도교 제국의 이념적 기초를 제공한 저작으로 평가받는다. 한국에는 『유세비우스의 교회사』(은성)가 소개된 바 있다.

오리게네스, 알렉산드리아의 Origen of Alexandria(185?~254) 21, 138, 139, 140, 141, 147

알렉산드리아 출신의 신학자. 고대 그리스도교 사상사에서 가장 영향력 있는 신학자이자 성서 해석자로 평가받는다. 어린 시절부터 헬레니즘 철학, 특히 플라톤주의와 스토아 철학을 익혔으며, 알렉산드리아의 클레멘스 뒤를 이어 알렉산드리아 학파를 이끌었다. 성서를 문자·윤리·우의의 차원에서 삼중 해석 방법론을 제시하며, 성서 주석 전통에 구조적 전환을 이끌었으며 창조, 성령, 자유의지, 구원의 보편성, 영혼의 선재 등 당시 교회가 공식화하지 않은 교리들에 대한 철학적 사유를 제시했다. 훗날 일부 가르침은 이단으로 정죄받기도 했지만, 기본적인 틀은 카파도키아 교부들과 동방 신학자들에 의해 재구성되어 계승되었다. 박해 중 체포되어 고문을 받고 풀려났으나 결국 그 여파로 세상을 떠났다. 주요 저서로 후대 성서 본문비평과 주석학의 기초를 놓은 자료로 평가받는 『헥사플라』Hexapla, 최초의 조직신학 저서로 평가받는 『원리론』De Principiis 등이 있다. 한국에는 『원리론』((아카넷), 『켈수스 반박』(분도출판사), 『오리게네스 기도론』(새물결플러스) 등이 한국에 소개된 바 있다.

윌켄, 로버트 루이스 Robert Louis Wilken (1936~) 131

그리스도교 역사학자이자 교부학자. 컨콜디아 신학교를 거쳐B.A., B.D., 시카고 대학교에서 석사M.A., 박사학위Ph.D.를 받았다. 포덤 대학교, 노틀담 대학교를 거쳐 1980년부터 버지니아 대학교에서 그리스도교 역사를 가르쳤으며 그 외에도 히브리 대학교, 세인트 메리 신학교 방문 교수, 로마 그레고리안 대학교 아우구스티누스 교부학 연구소 초빙교수, 북미 교부학회 회장, 미국종교학회 회장 등을 역임했고 1996년 미국 인문·과학 학술원 회원으로 선출되었다. 현재 버지니아 대학교 종교학부 명예교수로 활동 중이다.

주요 저서로 『그리고 로마는 그들을 보았다』The Christians as the Romans Saw Them(비아), 『초기 기독교 사상의 정신』The Spirit of Early Christian Thought(복 있는 사람), 『유대교와 초기 그리스도교 정신』Judaism and the Early Christian Mind, 『그리스도교 기원에 관한 신화』The Myth of Christian Beginnings, 『첫 번째 천 년』The First Thousand Years, 『그리스도교의 지난 날을 기억하기』Remembering the Christian Past 등이 있다.

유스티누스, 순교자 Justin Martyr(100?~165) 65, 137, 138, 147, 169

팔레스타인 사마리아의 플라비아 네아폴리스 출신의 변증가이자 철학자. 젊은 시절 다양한 철학 학파를 탐구하다가 플라톤 철학에서 깊은 감명을 받았으며, 이후 그리스도교 신앙에서 완성된 진리를 발견했다고 고백한다. 그는 그리스도교를 '참된 철학'으로 이해하며, 헬레니즘 철학 개념을 활용해 신앙을 설명하려 했다. 로마에서 활동하던 그는 황제 안토니누스 피우스와 마르쿠스 아우렐리우스에게 올린 두 편의 호교론과 유대인 트리폰과의 대화를 기록한 『유대인 트리폰과의 대화』Dialogus cum Tryphone Iudaeo를 통해, 그리스도인들이 무신론자나 반사회적 집단이 아니라 참된 신앙과 도덕적 삶을 추구하는 공동체임을 설득하려 했다. 약 165년경 로마에서 체포되어 참수형을 당함으로써 순교했고, 그의 사상은 이후 변증 신학과 교부 신학의 전개에 깊은 영향을 끼쳤다. 한국에는 『첫째 호교론 / 둘째 호교론 / 유대인 트리폰과의 대화』(분도출판사)가 소개된 바 있다.

이그나티우스, 안티오키아의 Ignatius of Antioch(35?~107?) 61, 111, 131, 168
초기 그리스도교의 주교이자 순교자. 사도 요한의 제자였다고 전해지며, 안티오키아 교회의 주교로 섬기다 트라야누스 황제 치하의 박해로 로마로 압송되어 순교했다. 로마로 가는 길에 여러 교회에 보낸 7통의 서신은 교부 문헌 가운데 가장 오래된 기록으로, 교회의 일치와 주교의 권위, 성찬의 의미를 강하게 강조한다. 또한, 그리스도의 성육신과 십자가 죽음, 부활의 실제성을 변호하며 당시 확산되던 영지주의적 경향을 단호히 거부했다. 이그나티우스의 서신들은 이후 교회론과 성사 이해의 기초를 제공하며, 초기 교회의 자기 정체성을 형성하는 데 큰 영향을 끼쳤다. 한국에는 『일곱 편지』(분도출판사)가 소개된 바 있다.

ㅋ

켈러, 마르틴 Martin Käler(1835~1912) 108
독일의 개신교 신학자이자 성서 학자로 19세기 독일 '성서학파'die biblische Schule를 대표하는 학자로 꼽힌다. 하이델베르크, 튀빙겐과 할레에서 신학을 공부했으며 할레 대학교에서 오랫동안 신학을 가르쳤다. 예수 당시의 역사적 정황을 재구성함으로써 그의 실제 모습을 복원할 수 있다는 '역사적 예수'를 강하게 비판했으며, 역사적 예수 연구의 결과인 예수에 대한 역사적 사실과 예수에 대한 초기 그리스도교의 역사적 해석, 즉 '신앙의 그리스도'가 분리된 것을 극복하고자 하였다. 주요 저서로 『오늘날 교리에 관한 질문들』Dogmatische Zeitfragen, 『성서를 두고 일어나는 다툼들』Unser Streit um die Bibel, 『이른바 역사적 예수와 역사 해석과 성서에 따른 그리스도』Der sogenannte historische Jesus und der geschichtliche, biblische Christus 등이 있다. 한국에는 『역사학의 예수와 성서의 역사적 그리스도』(수와진)가 소개된 바 있다.

켈수스 Celsus(2세기 활동) 134

2세기 말경 활동한 헬레니즘 철학자이자 그리스도교에 대한 체계적 비판을 남긴 인물. 정확한 생애나 출신지는 전해지지 않지만, 그의 사상과 문체, 인용된 문헌을 통해 플라톤주의와 스토아주의의 영향을 받은 지식인으로 추정되며, 로마 제국 내에서 그리스도교가 점차 세력을 넓혀가던 시기의 문화적 위기감을 반영하는 인물로 간주된다. 예수의 신성, 처녀 탄생, 부활과 같은 핵심 교리를 이성과 자연 질서에 어긋나는 것으로 간주했고, 신이 인간으로 태어난다는 개념을 비합리적인 신화로 공격했다. 또한, 그리스도교 공동체의 반로마적 성향과 배타적인 구원 주장, 낮은 사회계층 중심의 구성에도 문제를 제기하며, 제국의 질서와 전통 종교를 수호하려 했다. 그리스도교를 단순히 종교 차원이 아니라 제국 질서에 대한 위협으로 간주하며 지성적으로 대응한 인물이며, 이는 이후 그리스도교를 반대한 이교도들의 사고틀에도 큰 영향을 미쳤다. 그에 대응해 오리게네스가 그리스도교 방어 체계를 정립했기에 그리스도교 호교론의 수준을 비약적으로 끌어올린 반면교사로도 간주된다.

콘스탄티누스 Constantine(272?-337) 156

로마 제국 최초의 그리스도교 황제. 313년 밀라노 칙령을 통해 신앙의 자유를 선포하고, 제국 질서 안에 교회를 제도적으로 편입시켰다. 325년 니케아 공의회를 소집하여 삼위일체 교리를 둘러싼 분열을 중재하고, 새로운 수도 콘스탄티노플을 건설하는 등 동방 그리스도교 세계 형성의 결정적 기반을 놓았다. 그의 개종은 단순한 개인 신앙의 선택을 넘어, 제국의 상징 질서와 권위 구조를 재편하는 전환점이 되었으며, 이후 수 세기 동안 교회와 국가의 관계를 형성하는 모형으로 작용했다.

크리소스토무스, 요한 John Chrysostom(349?~407) 157

교부이자 주교, 설교가. '크리소스토무스'는 '황금의 입'을 뜻하는 일종의 별칭으로, 뛰어난 웅변술과 강해 중심 설교 때문에 후대에

붙여진 이름이다. 수사학을 배우던 중 안티오키아 교회의 해석학 전통 아래에서 성서 주석과 교회 봉사를 병행하며 수도 생활로 전환했고, 철저한 금욕과 엄격한 도덕률을 실천했다. 397년 콘스탄티노폴리스 총대주교가 되었으며 이후 사치와 부패에 물든 궁정과 성직자들의 삶을 공개적으로 비판하고 교회 재정을 가난한 자들에게 돌리는 개혁을 추진했다. 이로 인해 권력층의 반감을 사게 되었고 두 차례에 걸쳐 유배되었다. 유배지에서 세상을 떠날 때까지 수많은 편지와 설교문, 강해를 남겼다. 정교회에서는 바실리우스, 그레고리우스와 함께 '삼대 교부'로 공경받으며, 설교는 오늘날까지도 정교회, 로마 가톨릭, 개신교 전통에서 신학적 통찰 및 윤리적 깊이를 겸비한 고전으로 평가받는다. 한국에는 『라자로에 관한 강해』(분도출판사), 『참회에 관한 설교/자선』(분도출판사) 등이 소개된 바 있다.

키프리아누스, 카르타고의 Cyprian of Carthage(200?~258) 162, 163
북아프리카 카르타고 출신의 주교이자 순교자. 원래 수사학자로 활동하다가 그리스도교로 개종한 뒤 급속히 교회 지도자로 부상하여 248년경 카르타고의 주교로 선출되었다. 데키우스와 발레리아누스 치하 박해 속에서 신자들의 배교와 재입교 문제(이른바 '배교자 논쟁')에 직면했으며, 교회의 일치와 주교직의 권위를 강하게 옹호했다. 그의 유명한 말 "교회 밖에는 구원이 없다" extra ecclesiam nulla salus는 교회의 정체성을 선명하게 드러내는 표현으로 전해진다. 또한, 세례와 성찬, 교회의 권위와 일치에 관한 그의 가르침은 서방 교회의 신학 전통에 큰 영향을 끼쳤다. 258년 발레리아누스의 박해 때 체포되어 참수형을 당함으로써 순교자의 반열에 올랐다. 주요 저작으로 『교회의 일치』 De Unitate Ecclesiae(분도출판사)가 있다.

ㅌ

테르툴리아누스 Tertullian(160?~225?) 137, 154, 169
북아프리카 카르타고 출신의 신학자. 로마 법률가로 훈련받았으며 논증 능력과 날카로운 문체로 당대 그리스도교 변증과 신학에 새로운 지평을 열었다. 헬레니즘 철학과 고전 수사학에 정통하면서도, 그것이 신앙의 본질을 훼손할 수 있다고 경계했는데, 그가 던진 '예루살렘과 아테네가 무슨 상관인가?'라는 물음은 철학과 신앙의 경계에 대한 그의 근본적 긴장을 압축적으로 보여준다. 박해가 계속되던 시기에 활동한 그는 국가 권력과 이교 문화에 맞서 교회의 정체성과 순결을 강하게 옹호했으며 초기에는 정통 교회와 밀접한 관계를 맺었으나 점차 교회의 도덕적 느슨함에 실망하고 종말론적 열망과 금욕주의를 강조한 몬타누스주의로 기울게 되었다. 그럼에도 불구하고, 삼위일체, 성육신, 교회론 등 라틴 신학의 핵심 개념어들을 최초로 정립한 인물로 서방 신학의 토대를 놓은 이로 평가받는다. 주요 저술로 『호교론』Apologeticum, 『이교인들에게』Ad nationes, 『이단자에 대한 항고』De Praescriptione Haereticorum 등이 있다. 한국에는 『호교론』(분도출판사)이 소개된 바 있다.

테일러, 찰스 Charles Taylor(1931~) 55, 106

캐나다 출신의 철학자이자 사상사 연구자. 맥길 대학교에서 철학을 공부한 뒤 옥스퍼드 대학교 발리올 칼리지에서 이사야 벌린 Isaiah Berlin 아래서 연구하며 박사학위를 받았다. 이후 옥스퍼드 대학교를 거쳐 맥길 대학교 철학과 교수로 오랫동안 재직하며 후학을 양성했으며 노스웨스턴, 독일 에르랑겐 등지에서도 가르쳤다. 1992년 퇴임 후에도 명예교수로 활발히 집필과 강연을 이어왔다. 종교철학, 정치철학, 근대성 이해, 해석학적 인간학 등 폭넓은 분야에 걸쳐 독창적 사유를 펼쳤으며, 특히 근대 서구의 '자아'를 주제로 한 연구로 국제적 명성을 얻었다. 주요 저작으로 『헤겔』Hegel(그린비), 『자아의 원천들』Sources of the Self(새물결), 『근대의 사회적 상상』Modern Social Imaginaries(이음), 『세속 시대』A Secular Age 등이 있다.

ㅍ

페르페투아 Perpetua(181?-203) 61, 169

북아프리카 카르타고 출신의 귀족 여성 순교자. 젊은 나이에 그리스도인이 되어 갓난아기를 둔 상태에서 체포되었으며, 노예 펠리키타스와 함께 투옥되었다. 그녀가 옥중에서 기록한 일기와 동료들의 보충 증언을 엮은 『페르페투아와 펠리키타스의 수난기』 Passio Perpetuae et Felicitatis는 여성 그리스도인의 목소리가 직접 담긴 가장 오래된 문헌 가운데 하나로, 초기 교회 순교 전승의 백미로 꼽힌다. 203년 카르타고 원형경기장에서 짐승에게 내던져진 뒤 검에 찔려 순교했으며, 그녀와 동료들의 죽음은 당시 교회 공동체에 강력한 믿음의 모범으로 전해졌다. 이후 페르페투아는 펠리키타스와 함께 동서방 교회에서 널리 기념되며, 특히 여성 순교자의 상징적 인물로 자리매김했다.

펠리키타스 Felicity(?-203) 61, 169

북아프리카 카르타고 출신의 젊은 노예 여성 순교자. 페르페투아와 함께 투옥되어 고난을 겪었으며, 당시 임신 중이었기에 로마법에 따라 출산할 때까지 처형이 연기되었다. 옥중에서 아이를 낳은 뒤, 신앙을 버리지 않고 동료들과 함께 원형경기장으로 나아갔고, 203년 맹수에게 내던져지고 결국 검에 찔려 순교했다. 그녀의 증언은 『페르페투아와 펠리키타스의 수난기』에 기록되어 있으며, 고난 속에서도 기쁨과 평안을 잃지 않는 모습은 초기 교회 공동체에 깊은 울림을 주었다. 사회적으로 가장 낮은 신분이던 여성이자 젊은 어머니였던 펠리키타스는, 신분과 성별, 사회적 제약을 넘어서는 그리스도 신앙의 힘을 보여주는 상징적 인물로 후대에 기념되었다.

폴리카르푸스, 스미르나의 Polycarp of smyrna (69?~155?) 61, 111, 131

소아시아 스미르나 출신의 주교이자 순교자. 사도 요한의 제자였다고 전해지며, 초기 교회의 사도 전통을 직접 이어받은 인물로 평가받는다. 스미르나 교회의 주교로 섬기면서 사도들의 가르침을 보존하고 전수하는 데 헌신했으며, 그의 서신 『필리피 신자들에게 보낸 편지』Epistula ad Philippenses는 신약성서와 밀접하게 연결된 권면과 교훈을 담아 교부 문헌 가운데 중요한 가치를 지닌다. 박해 시기에 체포되어 순교했는데, 그의 순교는 『폴리카르푸스 순교록』Martyrium Polycarpi에 상세히 기록되어 초기 그리스도교 순교 전승의 전형을 제시했다. 한국에는 『편지와 순교록』(분도출판사)이 소개된 바 있다.

이 놀랍고도 새로운
– 초기 그리스도인들이 로마 세계에 던진 경이와 충격에 관하여

초판 발행 | 2025년 8월 29일

지은이 | C. 케빈 로우
옮긴이 | 양지우

발행처 | ㈜룩스문디
발행인 | 이민애
편　집 | 민경찬
검　토 | 김준철 · 손승우 · 여운송
제　작 | 김진식 · 김진현
디자인 | 민경찬 · 손승우

출판등록 | 2024년 9월 3일 제301-2024-000093호
주　소 | 서울특별시 중구 세종대로19길 16 1층 001호
주문전화 | 010-3320-2468
이메일 | luxmundi0901@gmail.com(주문 관련)
　　　　 viapublisher@gmail.com(편집 관련)

ISBN | 979-11-994376-0-9 (03230)
한국어판 저작권 ⓒ 2025 ㈜룩스문디

* 값은 뒤표지에 있습니다. 잘못된 책은 구입하신 곳에서 바꾸어 드립니다.